"次期"介護保険改悪と障害者65歳問題

大阪社保協介護保険対策委員会／編
日下部雅喜
雨田　信幸

日本機関紙出版センター

目次　〝次期〟介護保険改悪と障害者65歳問題

第1章　〝次期〟介護保険改悪と第9期事業計画に向けた運動の課題　5

大阪社保協 介護保険対策委員長　日下部雅喜

目次

第1章

〝次期〟介護保険改悪と第9期事業計画に向けた運動の課題

大阪社保協　介護保険対策委員長　日下部雅喜

はじめに　2025年から2040年へ

介護保険は市町村で「3年を1期」とする介護保険事業計画が作られ、政府（厚生労働省）の介護報酬改定もこれに合わせて行われることから、制度見直しもこの時期に行われます。2000年4月から始まった介護保険は、現在第8期事業計画期間（2021年度～2023年度）にあたり、次期の第9期事業計画（2024年度～2026年度）に向けての準備と検討が行われています。

これまで政府は、団塊の世代が後期高齢者に移行する2025年をめどに様々な制度改変を行ってきましたが、〝次期〟介護保険制度見直しで、介護保険制度の縮小・再編の新たな段階へと踏み出そうとしています。政府は次の目標を「高齢者人口がピークを迎える2040年頃」とし、医療・介護ニーズの高い85歳以上人口が一貫して増加し現役世代が減少する見通しであるとして、「人手不足」と「介護費用増加」の危機感を煽りながら、負担増と給付抑制を狙っています。

本書では、次期介護保険事業計画（2024年～2026年度）に向けた介護保険の見直し（制度改悪）について、現時点（2023年8月現在）での検討・準備状況をまとめるとともに、2040年を目標とした「次の介護保険見直し」への動向についても触れながら、地域での介護保障運動の課題について考えます。

1 〝次期〟介護保険見直しとは「史上最悪の改定」をめぐる攻防の到達点

２０２２年に次期介護保険制度見直しを検討した厚生労働省の社会保障審議会介護保険部会では、「給付と負担」の見直し7項目の中で、①利用者負担見直し（2割・3割負担の対象拡大）、②要介護1、2の生活援助サービス等の総合事業移行、③ケアマネジメントに利用者負担導入などを中心とした重大な制度改悪が狙われました。これらすべてが実施されるならば、負担増とサービスの切り捨てが同時に強行される「史上最悪の改定」と言うべきものでした。

これに対し、介護関係者を中心に広範な反対の声が沸き起こり、さまざまな反対運動が取り組まれた結果、社会保障審議会介護保険部会が２０２２年12月にとりまとめた「介護保険制度見直しに関する意見」（以下「意見書」）では、焦点となった改悪のうち、「軽度者（要介護1、2）の生活援助サービス等の総合事業移行」と「ケアマネジメント有料化」については、「第10期介護保険事業計画（２０２７年度～２０２９年度）までに結論」とされ、２０２４年度実施は先送りされました（**資料1**）。介護保険制度の縮小再編の中心をなすこの二つの改悪について、第9期計画期間（２０２４～26年度）での実施を決めさせなかったことは反対運動と世論の成果と言えます。しかし、本来「次期制度見直し」を検討する審議会（介護保険部会）で「次の次の計画開始時」までと期限を切るのは極めて異例なこと

資料1　社会保障審議会介護保険部会意見書で検討された「給付と負担」の見直し項目

	見直し項目	社会保障審議会介護保険部会「意見書」
1	1号保険料負担の在り方	次期計画に向けて結論を得る
2	「一定以上所得」（利用料2割）の判断基準	次期計画に向けて結論を得る
	「現役並所得」（利用料3割）の判断基準	引き続き検討
3	補足給付に関する給付の在り方	引き続き検討
4	老人保健施設等の多床室の室料負担	次期計画に向けて結論を得る ※ 介護給付費分科会において介護報酬の設定等も含めて検討
5	ケアマネジメントに関する給付の在り方	第10期計画期間の開始までに結論を得る
6	軽度者への生活援助サービス等に関する給付の在り方	第10期計画期間の開始までに結論を得る
7	被保険者範囲・受給者範囲	引き続き検討

筆者作成

であり、4年後には改悪を実施しようとする強い意図を示すものといえます。とくに、要介護1、2の総合事業移行については、賛否両論を併記したうえで、「現行の総合事業に関する評価・分析などを行いつつ、第10期計画期間の開始（2027年4月）までの間に、…包括的に検討を行って結論を出すことが適当」とされており、この間に「改革」検討を一気に進めることを表明しています。

2　利用者負担2割の対象拡大

(1)「2023年末までに結論」

「高齢者の負担能力に応じた負担の見直し」については、利用料3割負担の対象拡大は

「引き続き検討」と先送りされましたが、利用料２割負担の対象拡大は、「一定以上所得」（利用料２割）の判断基準は「次期計画に向けて結論を得る」とされ、具体案は示されないものの、２０２４年度実施をめざすこととなりました。

２０２２年12月の「意見書」では「遅くとも来年夏までに結論を得る」としましたが、２０２３年６月16日に閣議決定された「経済財政運営と改革の基本方針２０２３」では、「年末までに結論を得る」とさらに先送りされました。物価高騰や少子化対策の財源なども合わせて高齢者の負担増問題を検討しようとしており、第９期事業計画（２０２４年度〜２０２６年度）の最大の焦点となっています。

（２）介護保険の利用者負担の経過と問題点

一律1割が「公平」と応益負担化

介護保険以前の高齢者福祉制度によるサービス利用では、利用料は支払い能力にに応じた負担（応能負担）が原則で、低所得者の負担は無料または低額でサービスが利用できていました。これが介護保険制度では収入に関わりなく一律１割の「応益負担」とされ、低所得者には大幅な負担増となりました。当時の国の説明は、「利用者負担の不均衡是正」「原則としてかかった費用の１割を公平に利用者が負担する仕組み」（平成12年厚生白書）と、「公平性」を理由とするものでした。

「負担可能な者は応分の負担」と2割・3割負担導入

資料2　介護保険の利用者負担

負担割合	所得等の基準		利用者に占める割合
1割負担	本人の合計所得金額が160万円未満		91.8%
2割負担	本人の合計所得金額が160万円以上220万円未満	年金収入＋その他合計所得金額280万円以上（単身世帯の場合。夫婦世帯の場合346万円以上）	4.6%
3割負担	本人の合計所得金額が220万円以上	年金収入＋その他合計所得金額340万円以上（単身世帯の場合。夫婦世帯の場合463万円以上）	3.6%

2割負担対象者及び3割負担対象者の利用者割合は「介護保険事業状況報告（令和4年3月月報）」から厚生労働省が計算したもの

ところがその14年後、国は「応益負担」に加え「負担可能な者は応分の負担を行う」（「社会保障制度改革国民会議報告書」2013年8月6日）としてさらなる負担を押し付けてきたのです。

2015年からは「制度の持続可能性を高めるため」と称して「相対的に負担能力のある一定以上の所得者」（合計所得160万円以上）を2割負担としました。さらに、2018年からは「特に所得の高い層」（合計所得220万円以上）を3割負担としてきました。

現在の2割負担以上となる高齢者の所得等の基準は、被保険者の「上位20％」にあたるとされていますが、介護サービス利用者に占める割合では、1割負担は91・8％、2割負担は4・6％、3割負担は3・6％であり、大半が1割負担です（**資料2**）。

「原則2割負担」めざし対象拡大

2022年5月にまとめられた財務省の財政制度等審議会の「建議」では、「利用者負担を原則2割とすることや2割負担の対象範囲の拡大を図ること、現役世代との均衡の観点から現役世代並み所得（3割）等の判断基準を見直すことについて、第9期介護保険事業計画期間に向けて結論を得るべく、検討していくべきである」と、介護サービス利用者負担を「原則2割」とすることを射程に入れた2割負担・3割負担の対象拡大を提言したのです。

負担割合引上げがもたらすもの

要介護高齢者は年金収入など限られた収入で生活しており、介護サービス利用者負担の2割化（＝2倍化）は、深刻な事態をもたらします。介護サービス利用を中止・削減するか、他の生活費を減らすなどの対応を迫られることになります。

厚生労働省の「2割負担の導入による影響に関する調査」（平成29年度老人保健健康増進等事業）では、2割負担の導入後5カ月以内における週間サービス計画表の1週間当たりの利用単位数の合計値が「減った／サービス利用を中止した」人の割合は1割負担の人が1・3％に対し2割負担になった人は3・8％と約3倍でした。その理由で「介護にかかる支出が重く、サービスの利用を控えたから」と回答した割合は1割負担が7・2％に対し、2割負担になった人は35・0％と約5倍に上っています（**資料3**）。年金収入等が280万円以上の層でもこれだけ影響があるのです。

2022年10月から75歳以上の後期高齢者医療の窓口負担に2割負担が導入され、年金収入等200万円以上の人の医療費負担が2倍化されました。全日本民医連（全日本民主医療機関連合会）が行った調査（75歳以上医療費2割化実施後アンケート調査）では、「今までどおり受診する」と79％

資料3

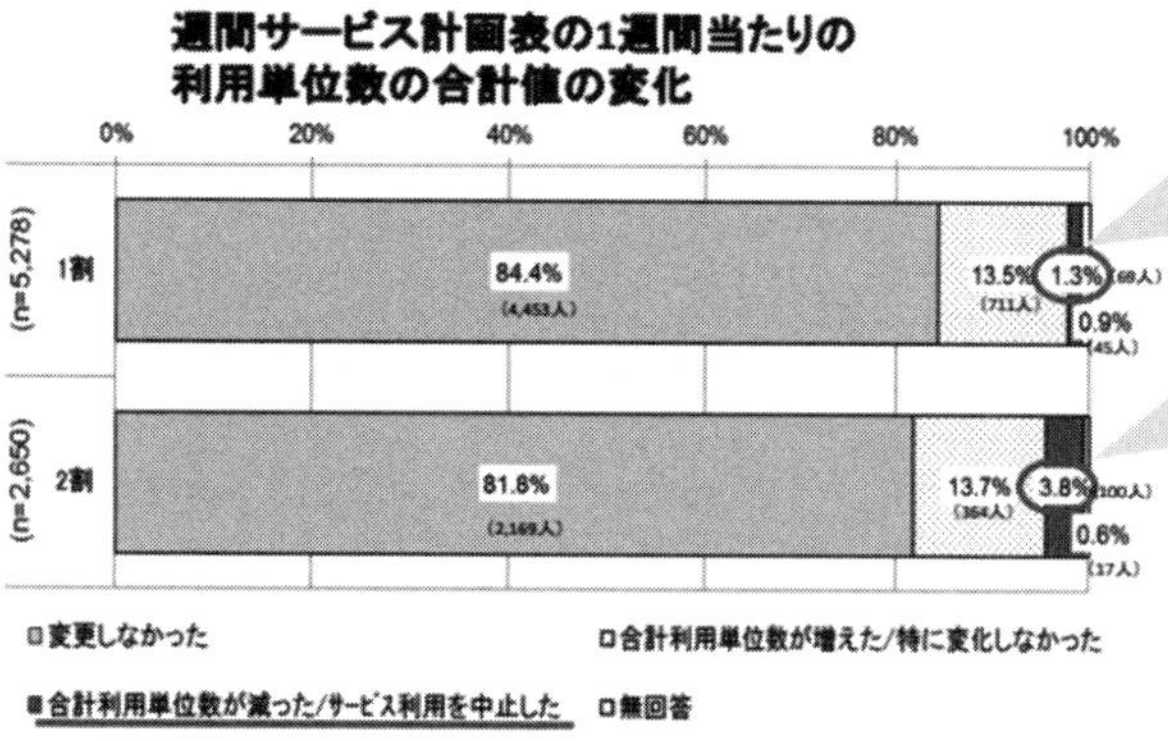

※ 調査の対象者は、平成27年10月1日時点で回答事業所の居宅介護支援（介護予防支援）サービスを利用しており、平成29年12月末時点も回答事業所のサービスを利用している者とした。
※ 平成27年10月1日時点の利用者負担割合別に集計を行っている。
※ 平成27年8月以降の新規利用者については集計から除いている。

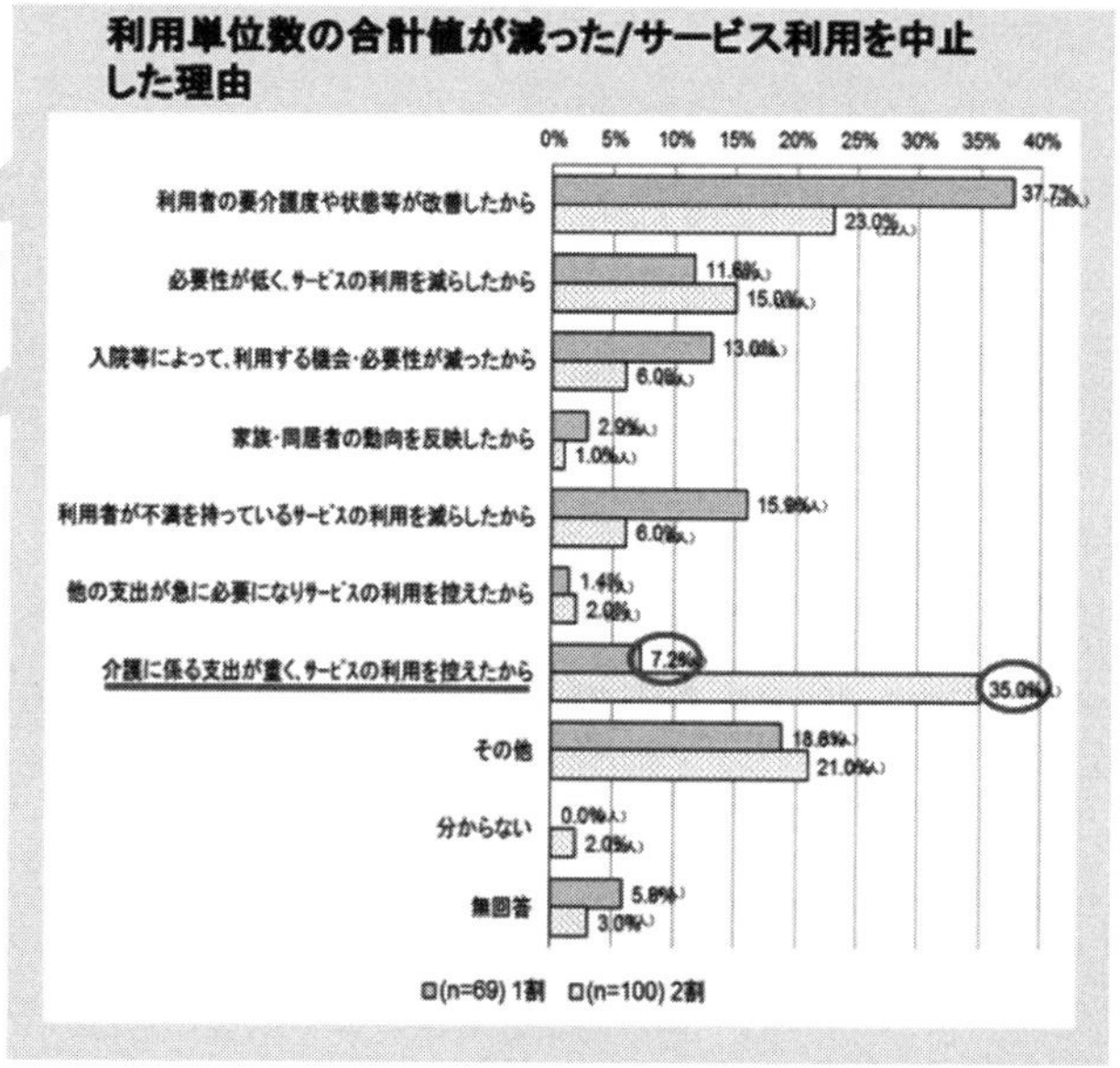

出所：厚労省社会保障審議会介護保険部会参考資料

資料4

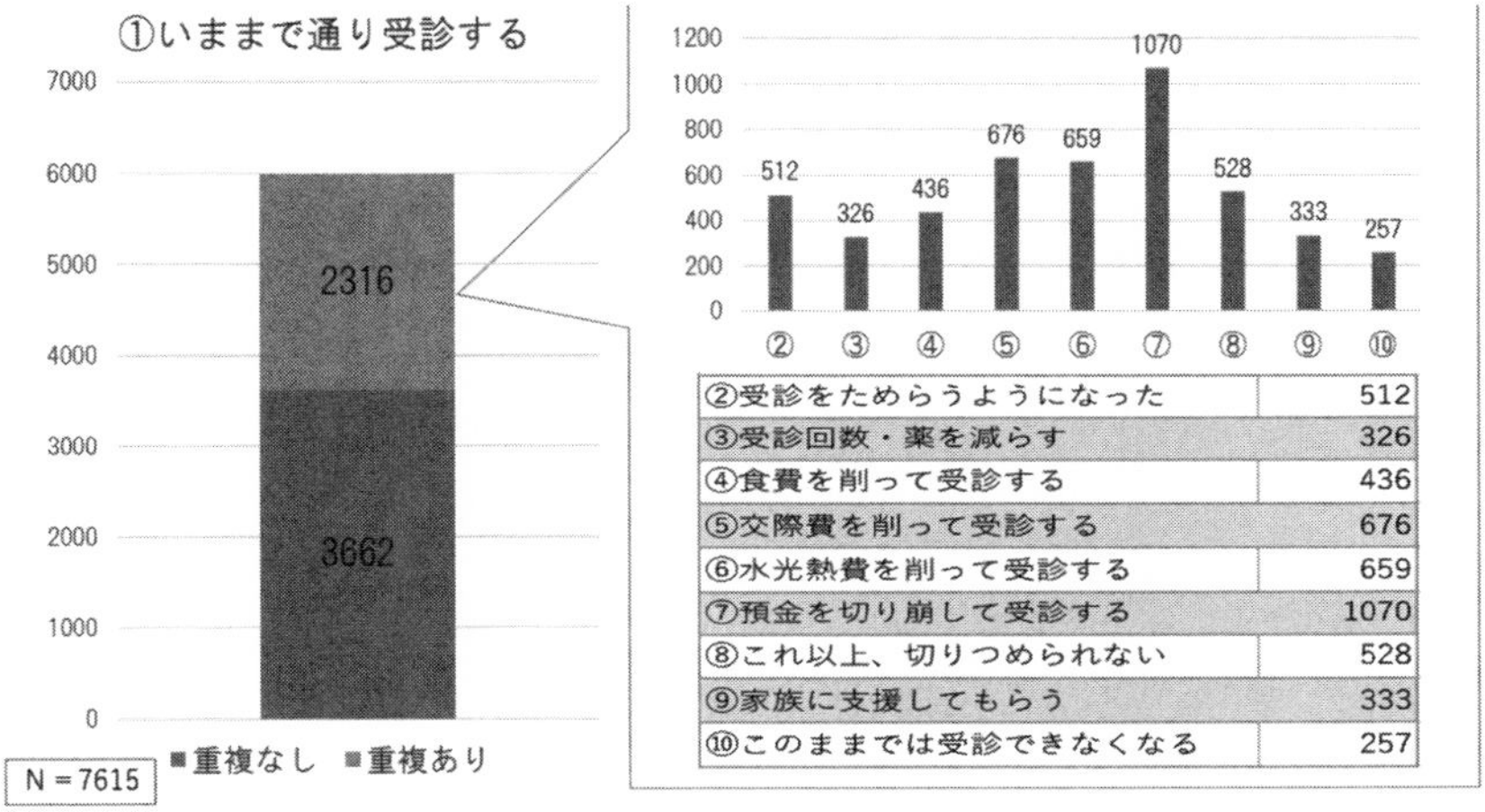

②受診をためらうようになった	512
③受診回数・薬を減らす	326
④食費を削って受診する	436
⑤交際費を削って受診する	676
⑥水光熱費を削って受診する	659
⑦預金を切り崩して受診する	1070
⑧これ以上、切りつめられない	528
⑨家族に支援してもらう	333
⑩このままでは受診できなくなる	257

出所：全日本民主医療機関連合会「75歳以上医療費2割化実施後アンケート調査報告」（2023年3月20日）

が回答しました。しかし、そのうち52％は、預金を切り崩す、交際費や食費等の生活部面を削ること等を余儀なくされていると回答しています（**資料４**）。

（３）２割負担対象拡大を許さない世論と運動を

当面後期高齢者医療並みの「上位30％」への対象拡大狙う

２０２３年７月10日の社会保障審議会介護保険部会では、75歳以上の高齢者医療では、２割負担は被保険者の上位30％であるのに対し、介護保険では、２割負担は被保険者の上位20％であると「較差」をあげ、年収２２０万円以上で線引きすると上位29・9％を占めるとの資料も示して２割負担化される対象者の範囲を示唆しました。さらに「75歳以上の単身世帯の収入と支出の状況（年収別モデル）」なるものを示し「一定の仮定に基づき平均的な消費支出を推計し、収入と支出の状況をごく粗くみた」結果、単身で年収２２０万円の世帯の家計収支が年間９万円の黒字になるとの資料を

資料5

７５歳以上の単身世帯の収入と支出の状況（年収別モデル）

・ ７５歳以上の単身世帯について、モデル年収ごとに、現行制度を基に非消費支出（税・社会保険料）を推計するとともに、一定の仮定に基づき平均的な消費支出を推計し、収入と支出の状況をごく粗くみたもの

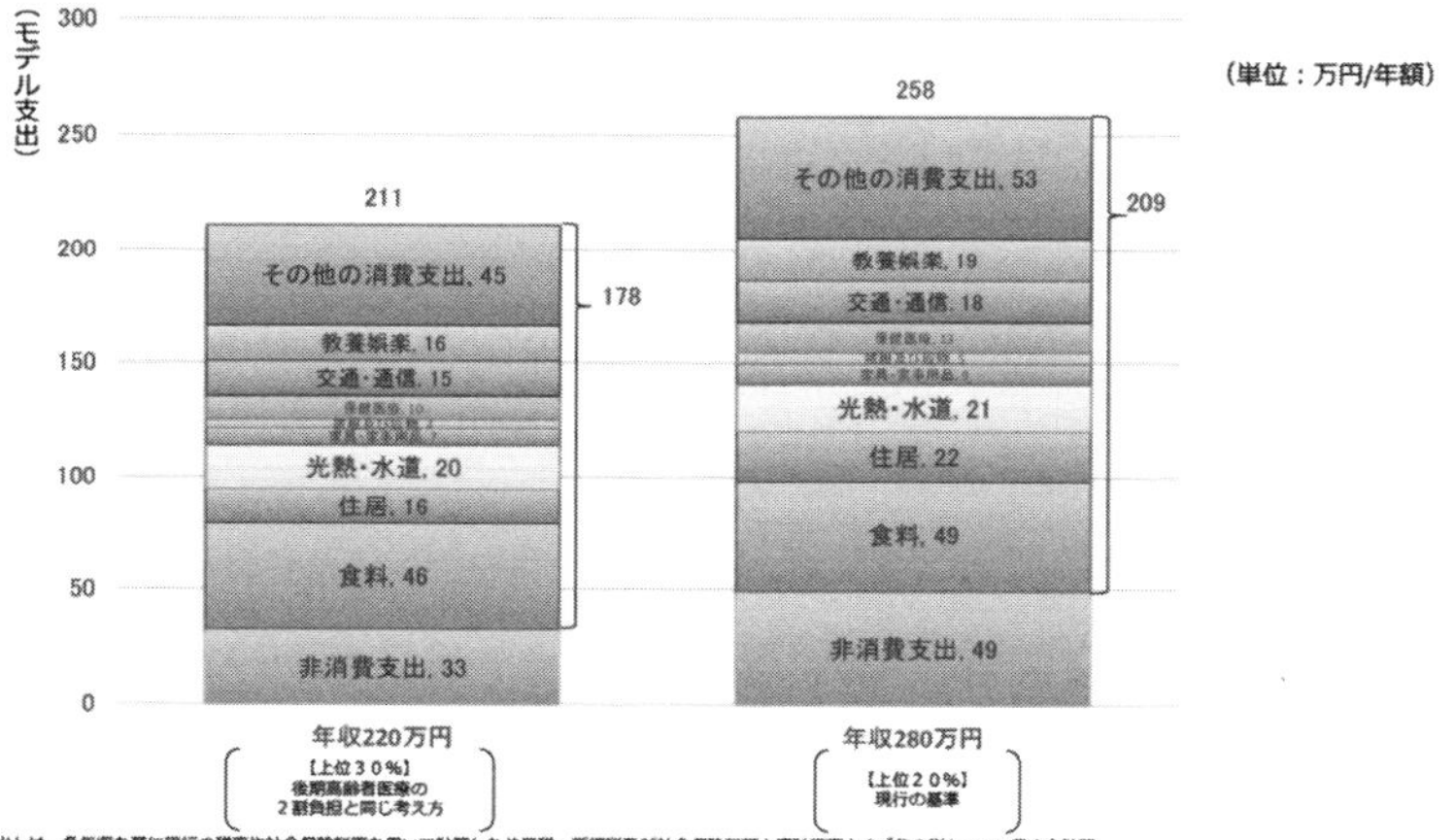

注１）「非消費支出」は、各年収を基に現行の税率や社会保険料率を用いて計算した住民税・所得税及び社会保険料額と家計調査上の「他の税」×12カ月の合計額。
なお、「他の税」は固定資産税を含む支出項目であるが、最小項目であるためその内訳を細分化することができない。
注２）消費支出は、家計調査（2022年）の75歳以上単身・無職世帯により厚生労働省老健局で作成。それぞれの年収水準から±50万円以内にあるサンプルの平均値をとっている。
それぞれのサンプル数は、220±50万円（上位30%）は103世帯、280±50万円（上位20%）は49世帯。

出所：厚労省社会保障審議会介護保険部会資料（2023年7月10日）

示し、あたかも2割負担が可能であるかのような誘導をおこなっています（**資料5**）。

介護サービスの利用者負担の基準は介護保険法では、「政令」で定めることになっており、国会での法改正抜きに閣議決定で変更することが可能です。今後「年末までの結論」に向けて、社会保障審議会介護保険部会の検討や少子化対策財源との兼ね合いも含めて2024年度政府予算をめぐる財務省の動きの中で判断されることになります。何よりも重大なのは介護サービスを利用している当事者を含め圧倒的多数の国民が知らないうちに勝手に決められようとしていることです。

2022年10月に実施された後期高齢者医療の患者窓口負担の2割導入（単身、年金収入200万円以上）に続き、介護保険サービス利用者の2割負担拡大は将来的な

「原則2割負担化」への第一歩です。

政令（閣議決定）で変更できる「一定の所得」の判断基準を変更させないために、介護サービス利用料の2倍化が、要介護高齢者の生活を破壊し、介護サービスを利用できなくするなどその問題点を知らせていく活動で、「世論」を変えていくことが必要です。

3　第1号保険料負担見直し

もう一つの負担増が「第1号保険料負担の見直し」です。これも2024年からの第9期事業計画までに結論を得るとされています。この問題については、少し複雑なので介護保険料の仕組みと経過から説明します。

(1) 介護保険料の仕組み

介護保険の財源は公費50％（国25％、都道府県・市町村各12・5％）、保険料50％（65歳以上23％、40〜64歳27％）です（第8期、在宅サービスの場合）。

市町村（保険者）は、介護保険給付費の約23％に相当する額を第1号被保険者（65歳以上の高齢者）から保険料として集めます。第1号被保険者の保険料は、サービス基盤の整備の状況やサービ

資料6　第1号被保険者の保険料標準段階

段階	主な要件	基準額に対する乗率	被保険者数（構成比）
第1段階	非課税世帯で本人の年金収入等80万円以下	基準額×0.5	609万人（17.0%）
第2段階	非課税世帯で本人の年金収入等80万円超120万円以下	基準額×0.75	296万人（8.3%）
第3段階	非課税世帯で本人の年金収入等120万円超	基準額×0.75	271万人（7.6%）
第4段階	課税世帯で本人非課税・年金収入等80万円以下	基準額×0.9	446万人（12.5%）
第5段階	課税世帯で本人非課税・年金収入等80万円超	基準額×1.0	480万人（13.4%）
第6段階	本人課税で合計所得120万円未満	基準額×1.2	521万人（14.5%）
第7段階	本人課税で合計所得120万円以上210万円未満	基準額×1.3	463万人（12.9%）
第8段階	本人課税で合計所得210万円以上320万円未満	基準額×1.5	238万人（6.6%）
第9段階	本人が課税で合計所得320万円以上	基準額×1.7	255万人（7.1%）

※被保険者数は「令和2年度介護保険事業状況報告年報」筆者作成

ス利用の見込みに応じて、保険者ごとに設定することになっており、国の定める基準に従い市町村が条例で決めます。介護保険開始時（第1期：2000～2002年度）は「基準月額」の全国平均は2911円でしたが、現在（第8期：2021～2023年度）では2倍以上の6014円となっています。

介護保険料はこの「基準額」をもとに所得段階別に区分して決めます。現在の国の基準（標準段階）は表のとおり9段階となっています（**資料6**）。

制度開始時は5段階でしたが、不公平との批判の中で2006年度から6段階、2015年度から9段階になりました。

介護保険料は基準額(第5段階)を0・5〜0・9倍に軽減した非課税層(第1〜第4段階)の保険料減少分を本人課税層(第6〜第9段階)の保険料を1・2〜1・7倍に割り増して補い、低所得者軽減には公費は一切使われない「高齢者間の互助」の仕組みでした。

国標準の第1〜3段階の非課税世帯の人は基準額の0・5〜0・75倍に軽減されていますが、基準額そのものが当初の2倍以上になっているので低所得者の負担は極めて大きくなっています。低所得者に負担が重く、高所得者の合計所得320万円以上はどんなに所得があっても基準額の1・7倍しか負担しなくてもよいという不公平な仕組みです。このため、自治体ではさらに段階を増やし半数以上の市町村が10段階以上となっています。

(2)消費税10%への増税時に導入された「公費による低所得者軽減」

5%であった消費税率が、社会保障・税一体改革の下で8%を経て2019年10月に10%に引き上げられました。その際に介護保険料は消費税増税分を財源に、低所得者(非課税世帯)である第1段階〜第3段階に公費を投入して軽減しました(**資料7**)。

第1段階　基準額×0・5　⇓0・3(公費投入による軽減分は0・2)
第2段階　基準額×0・75　⇓0・5(公費投入による軽減分は0・25)
第3段階　基準額×0・75　⇓0・7(公費投入による軽減分は0・05)

資料7　公費による低所得者保険料軽減

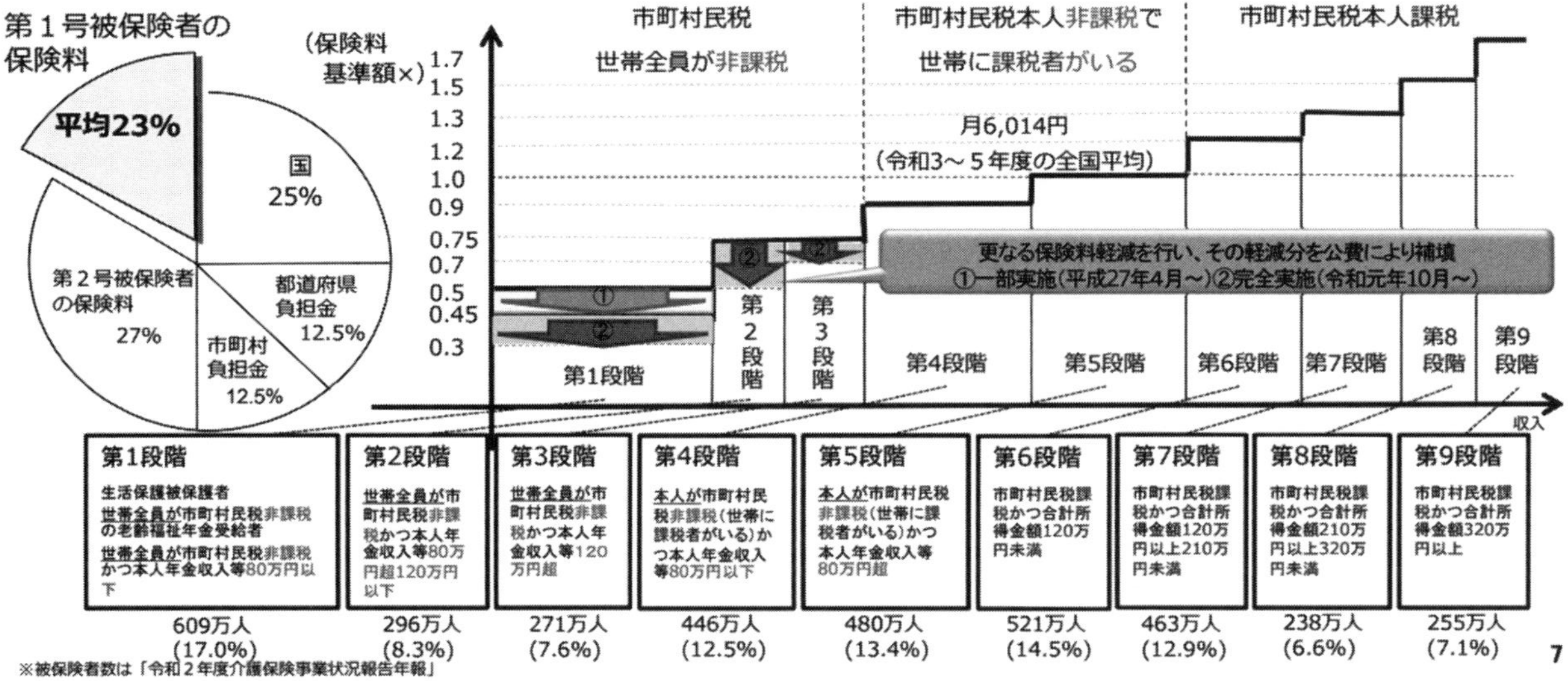
第１号被保険者の保険料
平均23%
国 25%
都道府県負担金 12.5%
市町村負担金 12.5%
第２号被保険者の保険料 27%
(保険料基準額×)
1.7
1.5
1.3
1.2
1.0
0.9
0.75
0.7
0.5
0.45
0.3
市町村民税 世帯全員が非課税
市町村民税本人非課税で 世帯に課税者がいる
市町村民税本人課税
月6,014円
(令和3～5年度の全国平均)
更なる保険料軽減を行い、その軽減分を公費により補填
①一部実施(平成27年4月～)②完全実施(令和元年10月～)
第1段階
第2段階
第3段階
第4段階
第5段階
第6段階
第7段階
第8段階
第9段階
収入
第1段階 生活保護被保護者 世帯全員が市町村民税非課税の老齢福祉年金受給者 世帯全員が市町村民税非課税かつ本人年金収入等80万円以下
609万人 (17.0%)
第2段階 世帯全員が市町村民税非課税かつ本人年金収入等80万円超120万円以下
296万人 (8.3%)
第3段階 世帯全員が市町村民税非課税かつ本人年金収入等120万円超
271万人 (7.6%)
第4段階 本人が市町村民税非課税(世帯に課税者がいる)かつ本人年金収入等80万円以下
446万人 (12.5%)
第5段階 本人が市町村民税非課税(世帯に課税者がいる)かつ本人年金収入等80万円超
480万人 (13.4%)
第6段階 市町村民税課税かつ合計所得金額120万円未満
521万人 (14.5%)
第7段階 市町村民税課税かつ合計所得金額120万円以上210万円未満
463万人 (12.9%)
第8段階 市町村民税課税かつ合計所得金額210万円以上320万円未満
238万人 (6.6%)
第9段階 市町村民税課税かつ合計所得金額320万円以上
255万人 (7.1%)
※被保険者数は「令和２年度介護保険事業状況報告年報」
7

出所：厚労省社会保障審議会介護保険部会資料（2023年7月10日）

２０２２年度は公費１５７２億円（うち国費７８６億円）が投入されています。

（3）次期改定で狙われる介護保険料負担の見直しとは

急浮上した第1号保険料負担の見直し

２０２４年度の次期介護保険制度改定では、この低所得者の保険料軽減に充当している公費の削減とその分の保険料負担の増加が狙われています。

もともと、次期改定の検討項目に「保険料負担見直し」は入っていませんでしたが、２０２２年10月31日の社会保障審議会介護保険部会で突然「高所得者の第1号保険料負担の在り方」が検討項目に入ったのです。この時は「公費」問題は論点になく、「被保険者の負担能力に応じた保険料設定」だけが強調されていました。

その１週間後の２０２２年11月7日の財務省の審議会（財政制度等審議会財政制度分科会）では「低所得者の負担軽減に要する公費の過度な増加を防ぐため、負担能力に応じた負担の考え方に沿って、高所得の被保険者の負担による再分配を強化すべき」と明記され、11月29日には「建議」に盛り込まれました。

それを受けて、介護保険部会の「意見書」では、「低所得者軽減に充当されている公費と保険料の多段階化の役割分担等について、次期計画に向けた保険者の準備期間等を確保するため、早急に結論を得ることが適当である」と明記されたのです。

介護保険部会では、厚生労働省から「被保険者の負担能力に応じた保険料設定」だけが説明され、「公費負担」問題は説明がなく、各委員からも意見が出されず議論されないままこっそりと「公費と保険料の多段階化の役割分担見直し」が意見書に書き込まれました。

厚生労働省、公費削減を否定せず

厚生労働省は、第1号保険料負担の見直し問題を、高所得者の保険料を上げて低所得者の保険料を下げることだけのように説明していますが、本当の狙いは低所得者の保険料軽減に充当されている公費を抑制・削減することです。「公費と保険料の多段階化の役割分担」とは、公費を縮小してその分保険料を増やすことにほかなりません。低所得者軽減に充当されている公費をどのくらい抑制・削減するかによって、その穴埋めの保険料負担分が決まってくるのです。

消費税10％化からわずか5年で、消費税増税による「社会保障充実分」の一つである「公費による低所得者の保険料軽減」を後退させ、高齢者の保険料負担に置き換えようとする悪辣な企みであるといえます。しかも、厚生労働省がこの企みを巧妙に隠しながら進めていることもあって事態の重大さに気が付いている関係者は少ないです。

２０２３年3月29日、中央社保協の厚生労働省交渉では、冒頭で「1．現在公費により行われている低所得者の保険料軽減割合拡大について後退させないこと」を求めました。

厚生労働省老健局の担当者は、「社会保障税一体改革による消費税財源を活用し、政令で、0・2、0・25、0・05と規定されており、これに従い市町村で条例で定めることになっている」「保険料の段階数、乗率含めた検討を行い、夏までに結論を得ることになっているので、介護保険部会で丁寧な検討をしたい」との回答を行いました。

社保協側が、「公費による軽減割合を下げないと言えるか」と質問すると、厚労省老健局担当者は「これから検討するところであり下げないとは言えない」と返答しました。

課税層の負担引上げも否定せず

次に要求した「2．住民税課税者の保険料割合について、合計所得320万円未満については現行より引き上げないこと」について、厚労省老健局担当者は「国が定める標準の第6、7、8段階について、引き上げませんと言いにくい。介護保険部会で夏までに検討を行っていくので、新たに乗率が上がる人たちの生活等の事情は介護保険部会で意見を聞いて検討したい」との回答でした。

社保協側が「『高所得者』とは、第9段階（合計所得320万円以上）を指すのか」と質問しましたが、厚労省老健局担当者は「現時点では言えない」と返答しました。

このやりとりを通じて明らかになったことは、第一に、公費による低所得者軽減（0・25～0・05）が引き下げられる可能性があること、第二に、公費減少分を補う「高所得者の負担」は、合計所得額120万円未満の層（国基準第6段階）も含めて引き上げられる可能性があることです。

そして、この「公費による低所得者保険料軽減」の見直しは政令（介護保険法施行令）改正で可能なため、国会で法改正なしに閣議決定だけで変更されます。高齢者はおろか自治体関係者にも知らせないまま、勝手に改悪されことになります。

（4）市町村では大幅な負担増になる可能性

もし、「公費による低所得者軽減」の引き下げが実施された場合、多くの市町村では広範な課税層の保険料負担の引き上げが避けられなくなる可能性があります。

それは市町村の半数以上にあたる820市町村が、国基準の9段階を超える10段階以上の所得段階設定を行い、最上位の段階の乗率の国基準（1・7倍）を超える乗率としているところは823市町村に及ぶからです。

これらの市町村ではすでに「高所得者」に対し、国基準の1・7倍を超える乗率の保険料負担（例えば東京都港区では17段階・合計所得金額5000万円以上は5・1倍）を課しています。このため、国基準の最高位（合計所得金額320万円以上）の乗率が引上げられてもこれらの市町村は、すでに高い乗率を課しているため引上げの余地が少ないため、公費が削減された場合、その分を補うことが困難です。そのため、①低所得者軽減の率を引き下げるか、②課税層全体（合計所得120万円未満の層を含む）の乗率を引き上げることになります

高齢化の進行で介護給付費増による保険料基準額の上昇に加え、公費削減による保険料負担の引上げが加わり、高齢者にとってはさらに大きな負担増をもたらす可能性があります。

財務省の審議会が2023年5月29日にまとめた「建議」では「介護保険の第1号保険料については、負担能力に応じた負担の考え方に沿って被保険者間の再分配機能を強化することで、低所得者の負担軽減を図るとともに、それに要する公費の過度な増加を防ぐべきである」と公費抑制を重ねて

打ち出しました。

(5) 第9期計画に向けた争点

標準乗率の見直し参考例を提示

厚生労働省は、2023年7月10日の介護保険部会で、非課税層を現行の乗率より引き下げ、合計所得320万円以上の最高位（第9段階）の上にさらに段階を積み上げた「見直しイメージ図」を示しました。公費削減問題は「※低所得者軽減に充当されている公費と保険料の多段階化の役割分担についても、検討が必要」と記載されている以外に言及はありません。全国市長会などから「具体的な段階数や乗率が示されていないため、保険者である我々市町村は、保険料設定の検討を始めることができません」とし、年末を待たず「現段階において想定している保険料設定の段階数や乗率について、速やかな情報提供を市町村に対して行っていただきたい」と強い要望が出されました。しかしこの会議でも「公費の抑制・削減」問題はほとんど議論になりませんでした。

そして2023年7月31日の全国介護保険担当課長会議では、あらたに「見直しの例」（**資料8**）を示しました。

第1～第3段階の乗率3例、9段階以降の乗率3例を示し、どのパターンを使うかは最終的な自治体の判断とした上で、②とBのパターンを中心に、各保険者の保険料の設定の検討材料とするようにと説明しています（**資料9-①、資料9-②**）。

資料8

介護保険部会での議論を踏まえた見直しの例

参考資料9

○ 1号保険料の見直しについて、具体的な段階数、乗率、低所得者軽減に充当されている公費と保険料の多段階化の役割分担については、今後の介護保険部会等の議論を踏まえつつ年末までに結論を得るとされている。

○ 7月10日の介護保険部会における自治体のご意見を踏まえ、保険者の第９期計画期間の保険料の検討等に資する観点から、介護保険部会での議論や既に多段階化を行っている保険者の実態を踏まえつつ、制度内の所得再分配機能を強化し、低所得者の保険料上昇を抑制する観点から、現段階で考えられる見直しの例を示すもの。

＜現行制度＞

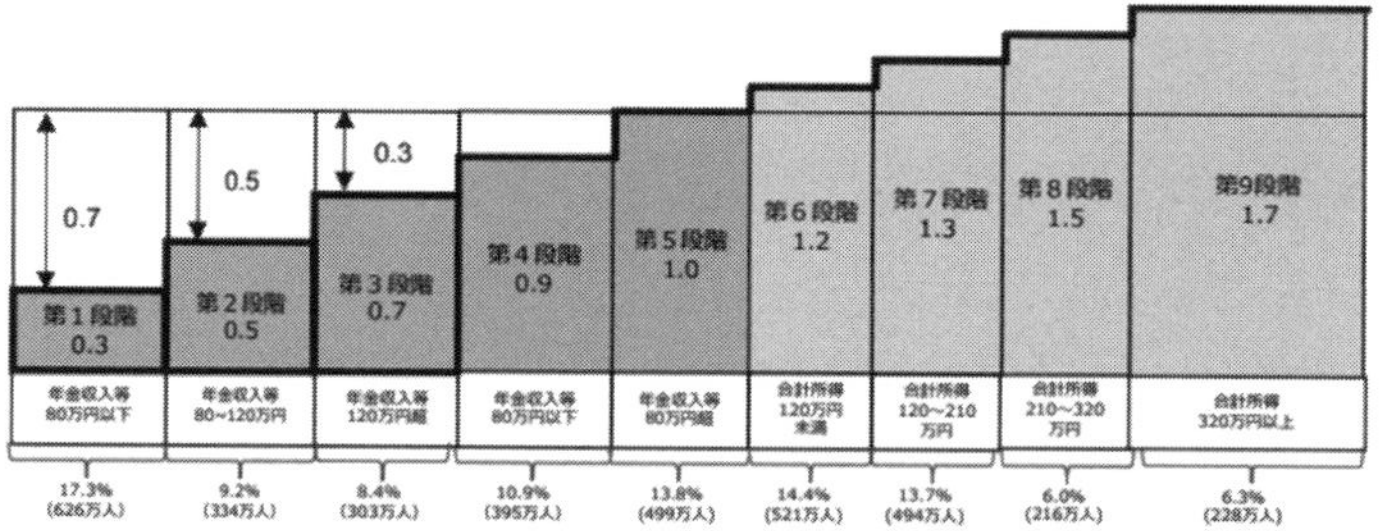

＜見直し例＞

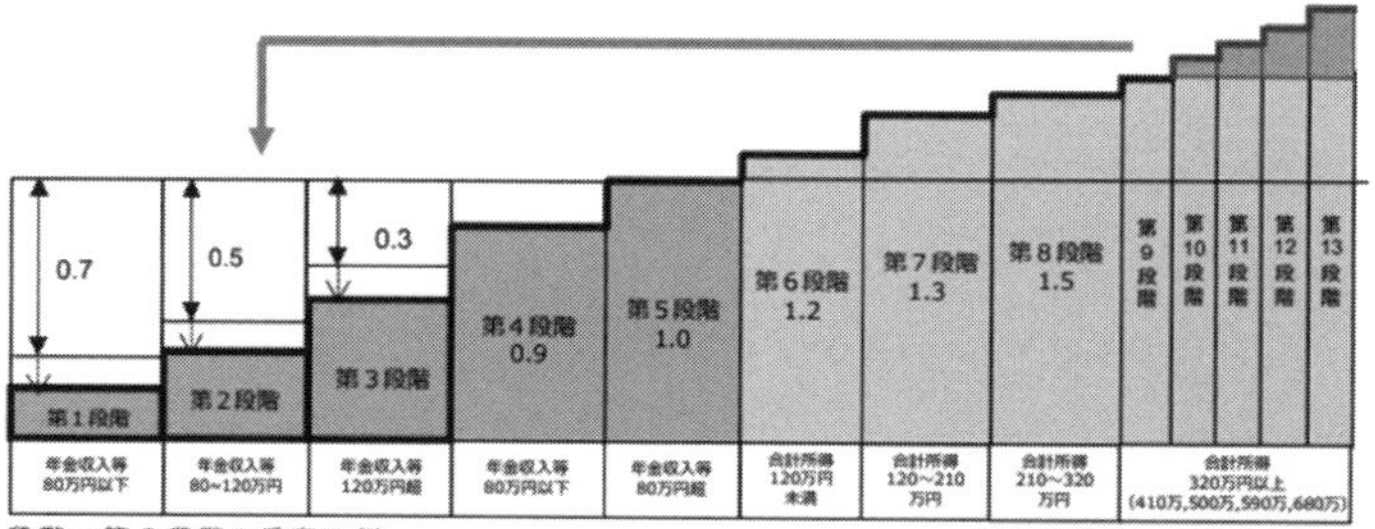

第１段階～第３段階の乗率の例

①	0.26	0.47	0.68
②	0.275	0.48	0.685
③	0.29	0.485	0.69

×

第９段階以上の乗率の例

A	1.7	1.8	1.9	2.0	2.1
B	1.7	1.9	2.1	2.3	2.4
C	1.7	1.9	2.1	2.3	2.6

出所：厚労省「令和5年度 全国介護保険担当課長会議資料」(2023年7月31日)

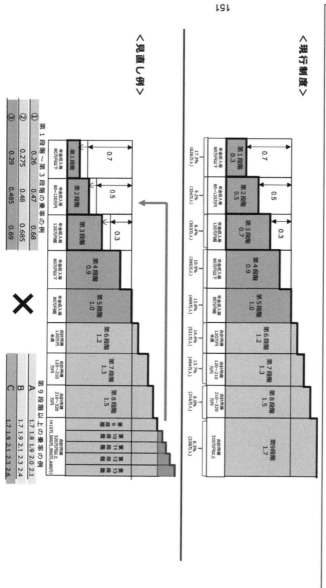

資料9-①　低所得者軽減（第1～第3段階）

現　　行		見直し例①	見直し例②	見直し例③
第1段階	基準額×0.3	0.26	0.275	0.29
第2段階	基準額×0.5	0.47	0.48	0.485
第3段階	基準額×0.7	0.68	0.685	0.69

資料9-②　高所得者乗率引き上げ（第9段階）

現行第9段階（合計所得320万円以上）　基準額×1.7

見直し例	A	B	C
第10段階（410万円以上）	1.8	1.9	1.9
第11段階（500万円以上）	1.9	2.1	2.1
第12段階（590万円以上）	2.0	2.3	2.3
第13段階（680万円以上）	2.1	2.4	2.6

②とBのパターンでは、低所得者が現行より△0・025～△0・015の引き下げとなり、全国加重平均基準月額6014円で計算すると月150円～90円程度の引き下げです。合計所得410万円以上の層は現行より0・2～0・7の引き上げで、全国加重平均基準月額6014円での計算では、月1203円～4209円もの引上げとなります。これは、合計所得320万円以上の現行第9段階は255万人で第1号被保険者の7・1%しかおらず、引上げ対象の合計所得410万円以上の第1号被保険者はさらに少ないためです。この引上げ財源で、軽減対象となる低所得者層（第1～第3段階）は、1176万人で第1号被保険者の32・9%に上ります。このことは、低所得者が多く高所得者が少ない高齢者の所得分布の中で、低所得者の保険料軽減の財源は高所得者から求めようとしても人数的に限界があることを示しています。やはり公費による保険料軽減しか保険料問題解決の道はありません。

自治体に当てはめるとどうなるか

①政令指定都市の状況と比較

厚生労働省が示した「見直し例」が市町村の介護保険料改定にどのような影響を与えるでしょうか。大規模保険者である政令指定都市20市の第1号保険料の低所得層の乗率を見てみます（**資料10**）。

国の基準（標準乗率）と同じ乗率は4市（札幌市、広島市、静岡市、相模原市）、国基準より一部高い乗率は1市（大阪市）、一部低い乗率は13市（名古屋市、京都市、神戸市、北九州市、川崎市、福岡市、仙台市、千葉市、さいたま市、堺市、浜松市、岡山市、熊本市）、3段階のすべてが国基準より低い乗率が2市（横浜市、新潟市）となっています。国の見直し例②は、現行より第1段階△0・025、第2段階△0・02、第3段階△0・015の合計△0・06の引き下げしかありません。国基準より低い15市の中には、すでにこれより多い軽減を行っている市もあります。たとえば横浜市は第1～第3段階で△0・3の軽減、名古屋市で第1と第2段階△0・15、京都市で第2段階△0・07の軽減です。各段階の人数によりますが、すでに多段階化による低所得者軽減を行っている自治体にとってはとても「改善」と言えるものではありません。

一方、最も高い段階（最高位段階）ではどうでしょうか。国の見直し例Bの「合計所得680万円以上、2・4」と比較すると、これより高い段階を設定している市は11市ですが、対象となる所得基準は福岡市（合計所得700万円以上）を除いては合計所得1000万円～2000万円以上です。国の「見直し例B」はこれより低い所得層にさらに大きな負担を課すものです。

資料10 政令指定都市の低所得者の乗率と最高位段階の合計所得・乗率

	第1段階 年金収入等 80万円以下	第2段階 年金収入等 80～120万円	第3段階 年金収入等 120万円超	第8期 保険料 基準月額	最高位の段階		
					段階	合計所得	乗率
現行標準乗率	0.30	0.50	0.70	6,014円	9段階	320万円	1.7
見直し例②・B	0.275	0.48	0.685		13段階	680万円	2.4
大阪市	0.35	0.50	0.70	8,094円	15段階	1000万円	2.3
名古屋市	0.25	0.40	0.70	6,642円	15段階	1000万円	2.5
京都市	0.30	0.43	0.70	6,800円	11段階	1000万円	2.35
横浜市	0.25	0.35	0.60	6,500円	16段階	2000万円	3.0
神戸市	0.25	0.45	0.70	6,400円	15段階	1000万円	2.5
北九州市	0.30	0.45	0.70	6,540円	13段階	600万円	2.15
札幌市	0.30	0.50	0.70	5,773円	13段階	800万円	2.3
川崎市	0.30	0.40	0.70	6,315円	16段階	2000万円	2.8
福岡市	0.25	0.40	0.70	6,225円	13段階	700万円	2.5
広島市	0.30	0.50	0.70	6,250円	13段階	1000万円	2.45
仙台市	0.30	0.40	0.70	6,001円	13段階	1000万円	2.3
千葉市	0.30	0.40	0.70	5,400円	13段階	900万円	2.4
さいたま市	0.30	0.35	0.60	6,034円	12段階	1000万円	2.65
静岡市	0.30	0.50	0.70	6,325円	15段階	1000万円	2.5
堺市	0.30	0.47	0.70	6,790円	16段階	1000万円	2.5
新潟市	0.20	0.40	0.65	6,641円	15段階	1000万円	2.3
浜松市	0.30	0.40	0.65	5,859円	14段階	1500万円	2.75
岡山市	0.30	0.45	0.70	6,640円	14段階	1200万円	2.75
相模原市	0.30	0.50	0.70	6,000円	11段階	1000万円	2.3
熊本市	0.30	0.375	0.70	6,400円	13段階	700万円	2.1

各都市の第8期介護保険事業計画等から作成

資料11

第１号被保険者の保険料の段階設定の状況（第８期）

（１）保険料段階数別の保険者数

段階数	9	10	11	12	13	14	15	16	17	18	19	20～24	25	合計
保険者数	751	187	187	161	119	63	41	31	17	10	2	1	1	1571
割合	47.8%	11.9%	11.9%	10.2%	7.6%	4.0%	2.6%	2.0%	1.1%	0.6%	0.1%	0.1%	0.1%	

介護保険計画課調べ（令和２年４月１日現在の全1571保険者を対象）

（２）最上位の段階の基準額に対する乗率の分布

割合	1.7未満	1.7	1.7超～1.9未満	1.9以上～2.1未満	2.1以上～2.3未満	2.3以上～2.5未満	2.5以上～2.7未満	2.7以上～2.9未満	2.9以上～3.0未満	3.0以上～3.5未満	3.5以上～4.0未満	4.0以上
保険者数	4	744	142	306	157	81	65	23	9	22	13	5

介護保険計画課調べ（令和２年４月１日現在の全1571保険者を対象）

○低所得者軽減を反映した後の乗率

			0.3未満	0.3	0.3超	0.4以上	0.5	0.5超	0.6以上	0.7	0.7超	0.75	0.75超	0.8以上	0.9	0.9超	1.0
第１段階	世帯全員が非課税	被保護者 老齢福祉年金受給者 本人年金収入８０万円以下	112	標準 1442	10	5	1			1							
第２段階		本人年金収入 ８０万円超１２０万以下	4	5	70	255	標準 1227	3	2	2	2	1					
第３段階		１２０万円超				2	4	4	117	標準 1422	10	10	1			1	

介護保険計画課調べ（令和２年４月１日現在の全1571保険者を対象）

②大阪市の場合

政令指定都市で唯一国基準より高い乗率の保険料を低所得者に課している大阪市は、保険料基準月額が８０９４円と全国平均６０１４円を２０８０円も上回る高額保険料です。第１段階（非課税世帯で年金収入等80万円以下）の層に、乗率０・35と国基準０・3に０・05上積みしているのです。もっとも貧しい人々に国基準以上の負担を課す大阪市の非道な施策は大阪市政を牛耳る大阪維新の会の責任です。

大阪市は低所得者層が全国と比べて多いという事情があります（**資料12**）。被保険者の３分の１近くを占める第１段階に国基準よ

資料12　大阪市と全国の低所得者の被保険者数に占める割合

		大阪市	全国
第1段階	非課税世帯で本人の年金収入等80万円以下	31.4%	17.0%
第2段階	非課税世帯で本人の年金収入等80円超120万円以下	9.9%	8.3%
第3段階	非課税世帯で本人の年金収入等120万円超	9.4%	7.6%
合　計		50.7%	32.9%

※大阪市の率は大阪市第8期事業計画書

り高い乗率の保険料を課すことで保険料収入を大きくし基準額を下げるという狙いです。

一方で、大阪市は課税層が32・2%と全国（41・1%）と比べ少なく、国基準の最高位（第9段階）に対応する合計所得300万円以上の層は6・2%で全国（7・1%）より少なく、そのうち合計所得400万円以上はすでに国基準を上回る乗率（1・75～2・3）を設定しています（**資料13**）。国の「見直し例」の低所得者軽減にするためには、課税層にはより大きな負担を課さなければなりません。人数は少ないですが、所得1000万円を超える「富裕層」に応分な負担を求める多段階化とともに、根本的には公費による低所得者軽減を拡大する以外にありません。国が企む公費の削減など言語道断です。

第9期介護保険事業計画に向けて

全国の市町村（1571保険者）のうち半数近く（751市町村）は、国標準（9段階）の所得段階にとどまり、最上位の乗率も748市町村（47・6%）が国標準の1・7か1・7未満となっています。問題は、低所得者の乗率ですが、国標準より低くしている市町村は、第1段階112市町村（7・13%）、第2段階334市町村（21・

資料13　大阪市と全国の課税層の被保険者数に占める割合

<table>
<tr><th colspan="4">大阪市</th><th colspan="3">全　国</th></tr>
<tr><th>所得基準</th><th>被保険者数割合</th><th colspan="2">乗率</th><th>所得基準</th><th>被保険者数割合</th><th>乗率</th></tr>
<tr><td>合計所得
125万円以下</td><td>12.2%</td><td colspan="2">1.10</td><td>合計所得
120万円未満</td><td>14.5%</td><td>1.20</td></tr>
<tr><td>125万円超
200万円未満</td><td>9.2%</td><td colspan="2">1.25</td><td>合計所得120万円以上
210万円未満</td><td>12.9%</td><td>1.30</td></tr>
<tr><td>200万円以上
300万円未満</td><td>4.5%</td><td colspan="2">1.50</td><td>合計所得210万円以上
320万円未満</td><td>6.6%</td><td>1.50</td></tr>
<tr><td>300万円以上
400万円未満</td><td>2.4%</td><td rowspan="7">6.2%</td><td>1.60</td><td rowspan="7">合計所得
320万円以上</td><td rowspan="7">7.1%</td><td rowspan="7">1.70</td></tr>
<tr><td>400万円以上
500万円未満</td><td>1.1%</td><td>1.75</td></tr>
<tr><td>500万円以上
600万円未満</td><td>0.5%</td><td>1.80</td></tr>
<tr><td>600万円以上
700万円未満</td><td>0.4%</td><td>1.90</td></tr>
<tr><td>700万円以上
1000万円未満</td><td>0.6%</td><td>2.00</td></tr>
<tr><td>1000万円以上</td><td>1.2%</td><td>2.30</td></tr>
<tr><td>合計</td><td colspan="3">32.1%</td><td>合計</td><td colspan="2">41.1%</td></tr>
</table>

3%）、第3段階127市町村（8・1%）にとどまっています（**資料11**）。第9期介護保険事業計画に向けての住民運動では、保険料基準額の引き上げ反対・引下げ要求とともに、低所得者の保険料乗率をさらに引き下げる要求を積極的に掲げる必要があります。

公費削減を許さない共同を地方から

　2023年7月31日の全国介護保険担当課長会議では何ら言及はありませんでしたが、示された厚労省の見直し例は低所得者保険料軽減に充当されている公費が維持されることが前提の見直し例です。今後2024年度予算編成過程で財務省が低所得者保険料軽減に充当されている公費を「歳出改革」の対象とし、削減してきた場合、その前提が崩れます。公費負担削減分がそのまま保険料負担の増加につながることになり、第9期介護保険料は大幅上昇を余儀なくされます。

保険料の低所得者軽減に充当する公費が削減されることは市町村当局（保険者）にとっても国庫負担の削減につながる大問題です。国に向けて「低所得者保険料軽減の国庫負担削減反対」の要求を全国市長会や町村会を含めて行うよう働きかけることが重要です。

この取り組みのなかで、国に対し「保険料軽減のために国庫負担を拡大せよ」の要求とともに市町村に対しても一般財源投入による保険料抑制・引下げを求めていくことになります。

「余った保険料（介護給付費準備基金）返せ」の運動を

第9期に向けての取り組みで一部の市町村では、高い介護保険料を集めながら介護給付費に使わずにため込んでいる問題を重視する必要があります。

介護保険法では介護保険料について、①市町村は、介護保険事業に要する費用に充てるため、保険料を徴収しなければならない（法第129条第1項）、②保険料額は、政令で定める基準に従い条例で定めるところにより算定された「保険料率」により算定される（同上第2項）、③その「保険料率」は、おおむね3年を通じ財政の均衡を保つことができるものでなければならない（同条第3項）とされています。「財政の均衡」とは、入って来る保険料収入は支出される介護保険給付費（介護サービスなどの費用）と収支がトントンになるということです。保険料は3年間で余りも出ず、不足も出ないという金額を設定しなければならないのです。

しかし、結果として介護保険料が余ってしまった場合は基金（介護給付費準備基金）が3年目の年度末に残ります。これは取り過ぎ保険料ですから、保険料を負担した高齢者に還元すべきものです。しかし、技術的に「返金」は難しいので、次期計画（次の3年間）の収入に充てて（基金取崩し、繰入れと言います）、その分保険料を抑えることが原則となっています。高齢者は死亡や転居等により保険料を納めた市町村の保険者でなくなる場合があることから、できるだけ次期の保険料抑制に使って還元するという考え方です。厚生労働省は、通知でこのことを明確にしていました（平成17年12月16日厚生労働省老健局介護保険課事務連絡「第三期計画期間における第一号被保険者の保険料設定等について」）。

ところが、一部の市町村では、保険料が余っても次期計画に繰入れず基金として貯め込み続けるということが常態化したのです。厚生労働省もその姿勢を後退させ、「介護給付費準備基金の剰余額は次期計画期間に歳入として繰り入れ、保険料上昇抑制に充てることが一つの考え方である」とし、さらに「介護給付費準備基金の適正な水準は保険者が決定するもの」と市町村が基金を貯めこむことを容認するような表現にしています（平成29年7月3日全国介護保険担当課長会議資料）。

こうした中で、全国の基金残高合計は、第5期末（2014年度）に3024億4683万円で介護保険事業の歳入額と比較して3・1％だった基金残高が第7期末（2020年度）には7947億8111万円で、歳入額比で6・9％と2倍以上に積み上がっています（**資料14**）。

第9期の介護保険料改定にあたって、第8期末で介護保険料が余って基金残高がある場合、全額

資料14　介護給付費準備基金の状況（単位：千円）

年度　　事業計画の期	準備基金残高合計	歳入額合計	基金残高／歳入額
2002年度　第1期末	194,395,947	5,047,969,472	3.9%
2005年度　第2期末	166,256,523	6,231,256,607	2.7%
2008年度　第3期末	404,964,779	7,235,052,075	5.6%
2011年度　第4期末	284,815,391	8,209,330,308	3.5%
2014年度　第5期末	302,446,832	9,614,155,369	3.1%
2017年度　第6期末	578,642,406	10,688,936,902	5.4%
2020年度　第7期末	794,781,115	11,558,427,862	6.9%
2021年度	913,732,214	11,855,006,884	7.7%

出所：厚生労働省「介護保険事業状況報告」から作成

取崩し介護保険料抑制に回すよう市町村（保険者）に求めていく必要があります。

保険料引上げをけしかける厚生労働省

2023年7月31日の全国介護保険担当課長会議で保険料改定について説明した厚生労働省老健局の介護保険計画課長が、基金残高が少ない市町村に対し「第9期の保険料設定にあたっては、足下の物価・賃金動向等を踏まえた余裕を持った保険料設定を検討」するようにお願いするとして、保険料引上げをけしかけるような発言を行っていることは重大です。

介護保険法の趣旨を踏まえて「基金は次期保険料抑制に活用すべき」としてきた厚生労働省の従来の説明を180度転換させ、基金の少ない保険者は「余裕を持った保険料設定」をして保険料を余らせ貯めこむことを奨励するような発言は撤回すべきです。

資料15

全国介護保険担当課長会議（2023年7月31日）
厚生労働省老健局　日野力介護保険計画課長　説明

なお、介護保険制度が施行されまして20年が経ちますけれども、これまで物価・賃金が上がらない中で制度が運営をされてきましたが、足下で物価・賃金の上昇という動きが顕著になってきているところでございます。そういった状況の中で安定的な制度運営の重要性が高まっているところでございます。

各保険者におきましては毎年の保険給付に充てられなかった1号保険料の残余を準備基金に積み立てたり繰越金として処理をしているというふうに思います。けれども、基金の残高と繰越金の合計額が少ない保険者におかれましては、第9期の保険料設定にあたっては、足下の物価・賃金動向等を踏まえた余裕を持った保険料設定を検討いただくようお願いしたいというふうに思います。

一方で、基金残高と繰越金が相当積み上がっている保険者におかれましては第9期の保険料上昇の抑制に充当するなど適切な保険料設定をご検討いただければというふうに思っております。

4　総合事業によるサービス切捨て

（1）総合事業とは

「総合事業」（介護予防・日常生活支援総合事業）は２０１４年の介護保険制度改定で作られ、２０１５年~２０１７年度に全市町村で実施されました。

要支援者のサービス切捨てが狙い

総合事業は、要支援1、2の訪問介護（ホームヘルプサービス）と通所介護（デイサービス）を「介護保険給付」から外し、市町村の行う「事業」へと移すことで要支援者のサービスを切り捨てるための仕組みです。

第一に、国が定める一律の基準・介護報酬で実施される「介護保険給付」でなくなり、市町村が自由に切り下げられるようにしたことです。

第二に、国は総合事業ガイドラインを定め、市町村に対して、ホームヘルパーとデイサービスを従来の基準のサービス以外に「多様なサービス」（無資格・低報酬サービスや住民ボランティアなど）を市町村が作って、これに移し替えていくことを推進したことです（**資料16**）。

資料16

国がガイドラインで定めた総合事業サービスの「典型的な類型」の概要
①従来相当サービス：従来の基準・報酬のホームヘルパー、デイサービス
②A緩和型サービス：基準を緩和し無資格者で低い報酬のサービス
③B住民主体型サービス：住民ボランティアによるサービス
④C短期集中型サービス：3～6カ月で集中的に機能向上を目指すサービス
このほか訪問型では「D移動支援：住民ボランティアによる移送サービス」がある

第三に、総合事業の財源は介護保険ですが、国は総合事業費の「上限」を設定し、市町村に事業費の抑制（安上がり化）を押し付けてきたことです。

（2）総合事業の現状

利用者数で見た総合事業の実施状況（厚生労働省調査から）

総合事業移行後7年が経過しましたが、「多様なサービス」は増えてはいるものの、利用者数で見ると依然として「従来相当サービス」（従来の基準・報酬のホームヘルパー、デイサービス）が多数を占めています。

厚生労働省調査によると2022年3月時点で、訪問型サービス（ホームヘルパー）の利用者

資料17　総合事業の訪問型・通所型サービスの利用者数（全国計2022年3月）

	従前相当サービス		サービスA（基準を緩和したサービス）		サービスB（住民主体によるサービス）		サービスC（短期集中サービス）	
	実人数	比率	実人数	比率	実人数	比率	実人数	比率
訪問型サービス	303,532	75.1%	83,655	20.7%	12,224	3.0%	2,713	0.7%
通所型サービス	512,670	80.1%	95,789	15.0%	18,987	3.0%	12,847	2.0%

令和3年度 介護予防・日常生活支援総合事業（地域支援事業）の実施状況（令和3年度実施分）に関する調査結果の数値で計算　※「比率」は各サービス利用者実人員の合計数に対する比率である

数（実人数）は、全国計では従前相当サービスが30万3532人（75・1％）に対し、A基準緩和サービスは8万3655人（20・7％）、B住民主体サービスは1万2224人（3・0％）、C短期集中サービスは2713人（0・7％）となっています（**資料17**）。利用者数の4分の3を従前相当サービスが占め、「多様なサービスへの移行」は国の思惑通り進んでいません。

通所型サービス（デイサービス）では、従前相当サービスが51万2670人（80・1％）を占め、A基準緩和サービスが9万5789人（15・0％）、B住民主体サービスは1万8987人（3・0％）、C短期集中サービス1万2847人（2・0％）です。こちらでも従前相当サービスが8割を占め「多様なサービスへの移行」は国の思惑通り進んでいません（**資料17**）。

「多様なサービス」と言っても、地域の支え合い・助け合いを促進するとして国が推奨した「サービスB（住民主体サービス）については、理用者は3％程度にとどまり、微々たるものです。大半は、「サービスA（基準緩和サービス）」で、従来よりも1割〜3割程度低い報酬の安上がりサービスが拡大した結果になっています。

資料18　従来のホームヘルパーのサービスが1割以下に減少した7市（訪問型サービス）

	従来相当サービス利用者数・率	A基準緩和サービス利用者数・率	緩和型の報酬（従来相当比）
岸和田市	9人、0.9%	940人　99.1%	約80%
貝塚市	12人、3.6%	318人、96.4%	約80%
大東市	12人、3.8%	158人、49.7%	
柏原市	16人、8.8%	153人、84.1%	約84%
守口市	14人、4.2%	316人、95.3%	約76%
門真市	27人、7.0%	356人、93.0%	
四條畷市	10人、9.0%	101人、91.0%	

大阪府内市町村ではどうなっているか～大きな自治体格差

①一部自治体で「従来相当サービス」の利用者が激減

２０２２年3月時点の厚生労働省調査（市町村別）で大阪府内自治体の実施状況をみると大半の自治体が「従前相当サービス」利用者が多数ですが、一部の自治体で「サービスA基準緩和サービス」が利用者の多数を占め、従来相当サービス利用が激減する結果となっています。

訪問型（ホームヘルパー）では、従来相当サービス利用者が著しく少ないのは、岸和田市（9人、０・9％）、貝塚市（12人、３・6％）、大東市（12人、３・8％）、柏原市（16人、8・8％）、守口市（14人、４・2％）、門真市（27人、7・0％）、四條畷市（10人、９・０％）で、この7市では、従来相当サービス利用者は1割以下となっており、要支援1、2の認定を受けても従来のホームヘルパー利用はほとんどできなくなっていると言えます（**資料18**）。

また、「従来相当サービス」が「多様なサービス」より少なくなってる自治体は、大阪市（45・8％）、泉大津市（47・21％）、箕面市（19・1％）、寝屋川市（11・4％）、交野市

（27・3％）、太子町（40・0％）の6市町です（**資料19**）。

②安上がり化でヘルパーの待遇悪化に拍車、人材不足を加速

これら13市町では、大東市と太子町以外は「A基準緩和サービス」が従来相当サービスに置き換わっているのが特徴です。

基準緩和サービスは、無資格者が短時間の研修を受けただけでサービスを提供できるとされ、報酬は従来相当サービスと比べ70％～80％程度に削減されています。

ホームヘルパー（訪問介護員）は、有効求人倍率が15倍を超え、8割以上の事業所が「人手不足」となっています。「基準緩和サービス」はホームヘルパーの仕事の内、「生活援助（家事支援）は無資格者でもできるようにして、人材不足を補い、報酬を削減することで費用も抑える」と説明していました。しかし、実際は短時間の研修を受けただけの無資格者がサービス提供できる事例は少なく、ヘルパー資格保有者がサービス提供し事業所が受け取る報酬だけがダウンするという結果になっています。報酬が削減されることで、事業所の経営が困難になりヘルパーの待遇が悪化し、人材不足に拍車をかけるという事態になっているのです。

③通所型サービス（デイサービス）でも「従来相当サービス」削減

通所型サービス（デイサービス）でも、一部自治体で「従来相当サービス」の利用者削減がすすんでいます。岸和田市（11人、1・1％）、貝塚市（6人、2・0％）、寝屋川市（77人、11・3％）、

資料19　ホームヘルパー　大阪府内市町村　総合事業の訪問型サービスの利用者（2022年3月）

市町村名	訪問型従前相当サービス（旧介護予防訪問介護に相当するサービス）		訪問型サービスA（基準を緩和したサービス）		訪問型サービスB（住民主体によるサービス）		訪問型サービスC（短期集中予防サービス）	
	実人数	比率	実人数	比率	実人数	比率	実人数	比率
大阪市	8,168	45.8%	9,678	54.2%		0.0%	2	0.0%
堺市	5,676	99.6%	24	0.4%		0.0%		0.0%
岸和田市	9	0.9%	940	99.1%		0.0%		0.0%
豊中市								
池田市	478	100.0%		0.0%		0.0%	0	0.0%
吹田市	1,632	99.2%		0.0%		0.0%	13	0.8%
泉大津市	160	47.1%	172	50.6%		0.0%	8	2.4%
高槻市	1,412	98.8%	17	1.2%		0.0%		0.0%
貝塚市	12	3.6%	318	96.4%		0.0%		0.0%
枚方市	1,259	89.7%	144	10.3%		0.0%		0.0%
茨木市	747	71.4%	296	28.3%	3	0.3%		0.0%
八尾市	658	96.8%	18	2.6%	4	0.6%		0.0%
泉佐野市	-		-					
富田林市	714	98.9%	1	0.1%		0.0%	7	1.0%
寝屋川市	105	11.4%	765	83.3%	48	5.2%		0.0%
河内長野市	396	96.8%	0	0.0%	1	0.2%	12	2.9%
松原市	446	90.8%	44	9.0%	1	0.2%		0.0%
大東市	12	3.8%	158	49.7%	120	37.7%	14	4.4%
和泉市	766	100.0%		0.0%		0.0%	0	0.0%
箕面市	81	19.1%	343	80.9%		0.0%		0.0%
柏原市	16	8.8%	153	84.1%		0.0%	13	7.1%
羽曳野市	490	95.9%	16	3.1%	0	0.0%	5	1.0%
摂津市	-		-					
高石市	459	100.0%	0	0.0%		0.0%		0.0%
藤井寺市	303	99.3%		0.0%		0.0%	2	0.7%
東大阪市	1,913	77.3%	551	22.3%	10	0.4%	0	0.0%
泉南市	318	100.0%		0.0%		0.0%		0.0%
交野市	88	27.3%	226	70.2%		0.0%	8	2.5%
大阪狭山市								
阪南市	311	84.1%		0.0%	59	15.9%		0.0%
島本町								
豊能町	57	87.7%		0.0%	8	12.3%		0.0%
能勢町	37	100.0%		0.0%		0.0%		0.0%
忠岡町	133	85.8%	22	14.2%		0.0%		0.0%
熊取町	116	87.2%	17	12.8%		0.0%	0	0.0%
田尻町	51	100.0%	0	0.0%		0.0%		0.0%
岬町	134	100.0%	0	0.0%		0.0%		0.0%
太子町	20	40.0%		0.0%	1	2.0%	17	34.0%
河南町	37	82.2%		0.0%		0.0%	1	2.2%
千早赤阪村	17	100.0%		0.0%		0.0%		0.0%
守口市	14	4.2%	316	95.8%		0.0%		0.0%
門真市	27	7.0%	356	93.0%		0.0%		0.0%
四條畷市	10	9.0%	101	91.0%		0.0%		0.0%

大東市（15人、16・0％）、交野市（42人、11・9％）、守口市（8人、2・1％）、門真市（17人、4・4％）、四條畷市（9人、7・6％）の8市では、要支援1、2の人は従来のデイサービスが利用できなくなっています（**資料20**）。

通所型サービスの「A基準緩和サービス」は、利用者15人に対しスタッフ1人（資格を問わない）という配置で、事業所の受け取る報酬は8割程度に減額されています。ここでも、デイサービス事業所の経営悪化がすすみ、大東市などをはじめデイサービスの利用者数自体が減少しているところもあります。

④地域包括支援センターとケアマネジャーに対する締め付けで削減

「従来相当サービス」が大きく減少した自治体は、総合事業移行後、要支援者のケアプランを担当する地域包括支援センターとケアマネジャーに対する締め付けを強化し、「サービスを自由に選択させない」仕組みを作ってきました。

例えば岸和田市では、総合事業移行と同時に「サービス選択会議」を設置し、「真に現行相当サービスの利用が必要と判断される者」を市が直接判断することにしました。「従来相当サービス」を利用できるのは、①認知症・知的障害などで日常生活に支障がある症状や行動がある、②退院直後で専門的サービスが特に必要、③ゴミ屋敷など専門的支援が必要、④疾患が原因で動作時に息切れ等で生活に支障があるなどに限定し、利用者を厳しく選別したのです。現在は、選択会議でなく、ケアマネジャーに「現行相当サービス利用理由書」を提出させることになっていますが、厳しくチェック

資料20　デイサービス　大阪府内市町村　総合事業の通所型サービスの利用者数（2022年3月時点）

	通所型従前相当サービス（旧介護予防訪問介護に相当するサービス）		通所型サービスA（基準を緩和したサービス）		通所型サービスB（住民主体によるサービス）		通所型サービスC（短期集中予防サービス）	
	実人数	比率	実人数	比率	実人数	比率	実人数	比率
全国	512,670	80.1%	95,789	15.0%	18,987	3.0%	12,847	2.0%
大阪市	12,055	99.9%		0.0%		0.0%	7	0.1%
堺市	5,643	99.0%	48	0.8%		0.0%	10	0.2%
岸和田市	11	1.1%	892	92.1%		0.0%	65	6.7%
豊中市								
池田市	618	100.0%		0.0%		0.0%	0	0.0%
吹田市	1,555	99.9%	1	0.1%		0.0%		0.0%
泉大津市	339	94.4%		0.0%		0.0%	20	5.6%
高槻市	1,607	99.8%	3	0.2%		0.0%		0.0%
貝塚市	6	2.0%	293	98.0%		0.0%		0.0%
枚方市	1,345	99.7%	4	0.3%		0.0%		0.0%
茨木市	1,047	62.4%		0.0%	619	36.9%	13	0.8%
八尾市	1,375	99.4%		0.0%		0.0%	8	0.6%
泉佐野市	-		-				17	
富田林市	544	84.7%	86	13.4%		0.0%	12	1.9%
寝屋川市	77	11.3%	490	72.1%		0.0%	113	16.6%
河内長野市	462	87.5%	28	5.3%		0.0%	38	7.2%
松原市	599	87.8%	83	12.2%		0.0%		0.0%
大東市	15	16.0%	49	52.1%	28	29.8%	2	2.1%
和泉市	826	99.0%		0.0%		0.0%	8	1.0%
箕面市	159	29.2%	385	70.6%		0.0%	1	0.2%
柏原市	183	83.2%	37	16.8%		0.0%		0.0%
羽曳野市	534	98.0%	2	0.4%		0.0%	9	1.7%
摂津市	-						-	
高石市	373	100.0%	0	0.0%		0.0%		0.0%
藤井寺市	421	100.0%		0.0%		0.0%		0.0%
東大阪市	2,271	89.3%	88	3.5%	184	7.2%	0	0.0%
泉南市	309	100.0%		0.0%		0.0%		0.0%
交野市	42	11.9%	310	88.1%		0.0%		0.0%
大阪狭山市								
阪南市	263	79.2%		0.0%	69	20.8%		0.0%
島本町								
豊能町	166	100.0%		0.0%		0.0%		0.0%
能勢町	43	100.0%		0.0%		0.0%		0.0%
忠岡町	86	78.9%	23	21.1%		0.0%		0.0%
熊取町	101	66.0%	52	34.0%		0.0%	0	0.0%
田尻町	22	100.0%	0	0.0%		0.0%		0.0%
岬町	37	100.0%		0.0%		0.0%		0.0%
太子町	50	74.6%		0.0%		0.0%	17	25.4%
河南町	94	98.9%	1	1.1%	0	0.0%		0.0%
千早赤阪村	35	100.0%		0.0%		0.0%		0.0%
守口市	8	2.1%	360	93.8%		0.0%	16	4.2%
門真市	17	4.4%	361	94.4%		0.0%	6	1.6%
四條畷市	9	7.6%	103	87.3%		0.0%	6	5.1%

令和3年度 介護予防・日常生活支援総合事業（地域支援事業）の実施状況（令和3年度実施分）に関する調査結果の数値で計算　※「比率」は各サービス利用者実人員の合計数に対する比率である

されるので大半のケアマネジャーは従来相当サービスの利用を諦めてしまっています。

守口市・門真市・四条畷市の「くすのき広域連合」では、2021年度から従前相当サービス利用対象を「3要件」(がん末期、難病、認知症その他精神疾患)該当者とし、従前相当のホームヘルパー・デイサービスを利用しようとするケアマネジャーは、「従前相当サービス利用理由書」を市に提出することが必要となりました。各市とも厳しくチェックし利用を容易に認めないため、わずが1年で従来相当サービスは激減しました。

(3)要支援サービス切捨てを許さない取り組みを

現在、各市町村は2024年度~2026年度の第9期介護保険事業計画作成の検討を始めています。国は厚生労働省に「総合事業充実検討会」を設置し、総合事業の「多様なサービス移行」を徹底するための「工程表」を作ることにしています。

各市町村で、従来のホームヘルパー・デイサービスの利用を守り、要支援者のサービス切捨てを許さない取り組みが重要となっています。

2023年度大阪社保協　自治体キャラバン要望項目
総合事業（介護予防・生活支援総合事業）について
イ、利用者のサービス選択権を保障し、サービスについて、すべての要支援認定者が「従来（介護予防訪問介護・介護予防通所介護）相当サービス」を利用できるようにすること。また、新規・更新者とも要介護（要支援）認定を勧奨し、認定申請を抑制しないこと。

5　2024年介護報酬改定

２０２３年５月に国会で成立した「全世代対応型の持続可能な社会保障制度を構築するための健康保険法等の一部を改正する法律」により介護保険法の改正が行われています（２０２３年５月23日公布。施行は２０２４年４月）（**資料21**）。さらに、介護報酬・基準改定は、２０２４年４月実施をめざし厚生労働省の審議会（社会保障審議会介護給付費分科会）において検討され、２０２３年末「基本的考え方」のとりまとめ、年末の２０２４年度政府予算案編成を踏まえた２０２４年１月の「介護報酬改定案の諮問・答申」に向けて議論が行われています。

（1）報酬改定をめぐる2つの課題

資料21

全世代対応型の持続可能な社会保障制度を構築するための健康保険法等の一部を改正する法律における介護保険関係の主な改正事項

Ⅰ．介護情報基盤の整備

○ **介護保険者が被保険者等に係る医療・介護情報の収集・提供等を行う事業を医療保険者と一体的に実施**

- 被保険者、介護事業者その他の関係者が当該被保険者に係る介護情報等を共有・活用することを促進する事業を介護保険者である市町村の地域支援事業として位置付け
- 市町村は、当該事業について、医療保険者等と共同して国保連・支払基金に委託できることとする

※共有する情報の具体的な範囲や共有先については検討中。

Ⅱ．介護サービス事業者の財務状況等の見える化

○ **介護サービス事業所等の詳細な財務状況等を把握して政策立案に活用するため、事業者の事務負担にも配慮しつつ、財務状況を分析できる体制を整備**

- 各事業所・施設に対して詳細な財務状況（損益計算書等の情報）の報告を義務付け
  ※職種別の給与（給料・賞与）は任意事項。
- 国が、当該情報を収集・整理し、分析した情報を公表

Ⅲ．介護サービス事業所等における生産性の向上に資する取組に係る努力義務

○ **介護現場における生産性の向上に関して、都道府県を中心に一層取組を推進**

- 都道府県に対し、介護サービス事業所・施設の生産性の向上に資する取組が促進されるよう努める旨の規定を新設　など

Ⅳ．看護小規模多機能型居宅介護のサービス内容の明確化

○ **看多機について、サービス内容の明確化等を通じて、更なる普及を進める**

- 看多機のサービス内容について、サービス拠点での「通い」「泊まり」における看護サービス（療養上の世話又は必要な診療の補助）が含まれる旨を明確化　など

Ⅴ．地域包括支援センターの体制整備等

○ **地域の拠点である地域包括支援センターが地域住民への支援をより適切に行うための体制を整備**

- 要支援者に行う介護予防支援について、居宅介護支援事業所（ケアマネ事業所）も市町村からの指定を受けて実施可能とする　など

36

2023年5月24日　社会保障審議会介護給付費分科会資料

２０２４年度の介護報酬・運営基準等の改定にあたっては、私たちの運動にとっての課題は大きく二つに分けられます。

第一の課題は、「老人保健施設等の相部屋の室料徴収」「貸与福祉用具の『販売化』」などについて実施を許さないことです。

第二には、「介護現場の生産性向上」と称した見直しについて、人員基準削減につながる改悪をさせないことです。政府の全世代型社会保障構築会議では「介護ロボット・ＩＣＴ機器の導入支援」「介護サービス事業者の経営の見える化」「福祉用具、在宅介護におけるテクノロジーの導入・活用促進」「生産性向上に向けた見直し」「職員配置基準の柔軟化の検討」などが列挙されています。

一般的にはＩＣＴ（情報通信技術）やロボットの活用などは促進されるべきです、しかし政府は、「介護人材不足」に対して処遇改善（賃金引上げ）による解決を放棄し「より少ない人手でより多くの介護を提供する」という「介護現場の生産性向上」と称して介護施設等の「人員配置基準」を切り下げようとしています。介護現場をいっそう疲弊させ、介護サービスをテクノロジーを使った「監視・管理」へと変質させかねないこの見直しは許してはなりません。

（２）抜本的な処遇改善を求める運動を

介護労働者の処遇改善（賃金引上げ）は何にもまして重要となっています。岸田政権が２０２１年秋に打ち出した「ケア従事者の収入の引上げのための公的価格の抜本的見直し」は、「９０００円賃金改善」の「支援改善補助金」（2022年2月～9月　取得事業所は7割に満たず、賃金改善も微々たるもの）を2022年10月から介護報酬（ベースアップ等支援加算）化してしまいました。処遇改善はこれで終わりにさせてはなりません。全産業平均との格差をなくすまで、国庫負担による全介護労働者を対象とした賃金改善の制度化を求める運動が課題となっています。

資料22

介護崩壊STOP！対政府交渉実行委員会の要求

1　介護労働者の抜本的な処遇改善を求める要求

（1）すべての介護労働者に対し、全産業平均以上の賃金水準を保障する抜本的な処遇改善措置を講じること。

（2）上記措置を実現するため、介護労働者の賃金を改善する新たな交付金を制度化すること。具体的には、①介護従事者全員を対象として、②全産業平均の賃金額を保障する水準に賃金を引き上げ、③財源は全額国庫負担、とすること。

（3）最近の物価高騰及び他産業の「賃金改善」の中で介護労働者の賃金改善は置き去りにされており、緊急に引き上げ措置を講じること。

（4）介護報酬改定は、基本報酬の大幅な引上げを基本とし、各種加算については基本報酬に繰り入れ、簡素な報酬体系とすること。

(5) 人材確保困難及び介護ロボット・ICT活用等を口実とした「人員配置基準緩和」を行わないこと。

(6) 1人夜勤を解消するなど、介護現場の実態に即して人員配置基準を改善し、人を増やすこと。

(7) 介護労働者を苦しめる労働基準法違反及びハラスメント等をなくすため、総合的な措置を講じること。

2 ホームヘルパーの処遇を抜本的に改善するための要求

(1) 登録制雇用形態が多数を占める現状を改めるため、基本報酬を大幅に引き上げ、尊厳ある労働（ディーセントワーク）が行えるようにすること。

(2) 登録制ホームヘルパーは「雇用契約」に基づく労働とされながら、実態上はギグワーカー（個人請負労働）化している。少なくとも週20時間労働したものとみなす賃金保障を行うとともに、月単位での就業時間の明示を義務付けること。

(3) 異常な有効求人倍率（2022年度15・53倍）となっているホームヘルパーの人手不足状況を改善する数値目標及び方策を示すこと。

(4) 直接、訪問介護に従事する時間以外の「移動時間・待機時間・キャンセル」等について、労働基準法上は「労働時間」であることを認めながら、介護報酬算定においては訪問介護提供時間しか算定対象にしないという不当な政策を改めること。

ア ホームヘルパーの報酬に評価されていない「移動時間・待機時間・キャンセル」等については、介護報酬とは別に公費で負担する仕組みとすること。

イ 上記制度が確立するまでの間は、当面、労働基準法上も労働時間である「移動時間・待機時間・キャンセル」等について介護報酬の対象とすること。

ウ 移動時間等の賃金について、「ホームヘルパーの通常の時給を下回っても、直接サービスに従事する時間との合計で最低賃金額を下回らない範囲であればよい」という指導（平成16年8月27日付け基発第0827001号2－（4）イ）については改めること。

（5）労働基準法違反を放置してきた無責任行政を改め、労働基準法の適用関係通知を見直し、事業者に周知徹底すること。

とくに、訪問介護事業については、他の福祉施設とは区分して、重点的に調査・実態把握を行い、公表すること。

（6）ホームヘルパー人材確保が極めて困難になっている状況を解決し、困難事例等にも積極的に対応するため、一定の人口規模に応じて、市町村直営によるホームヘルパー事業を実施すること。

３ 負担増・サービス削減の介護保険制度見直しの中止を求める要求

（1）介護保険サービスの利用者負担の2割負担の対象拡大をしないこと。

（2）レンタル対象となっている福祉用具を購入（買取）としないこと。

（3）介護老人保健施設・介護医療院等の多床室（相部屋）室料負担を新設しないこと。
（4）要介護1・2のホームヘルプサービス（訪問介護）・デイサービス（通所介護）等を地域支援事業に移行しないこと。
（5）ケアマネジメントの利用者負担導入（ケアプランの有料化）をしないこと。

4　障害福祉サービスからの高齢者排除を改めさせ、同サービスの改善を求める要求

（1）障害者総合支援法7条の規定は、障害福祉サービスが介護保険給付等と二重給付とならないよう調整する規定に過ぎないことを周知徹底すること。
（2）65歳に年齢が到達した障害福祉サービス受給者に対し、一律に「介護保険優先」とする取扱いを是正すること。
（3）要介護状態以前の障害により、どのようなサービスが必要なのか、及び介護保険給付の自己負担額を支払うことが障害により、どの程度負担なのか等を考慮する等、当事者の必要性と意向を尊重して障害福祉サービス利用を継続することができることを各自治体の担当部局、関係事業所等及び当事者に周知徹底すること。
（4）要介護認定の申請を行なうかどうかは本人の選択と権利であり、障害福祉サービス利用者に一律に要介護認定申請を強要しないこと。
（5）重度訪問介護の対象を就労・就学等すべての社会生活・労働に拡大すること。

第2章

障害者65歳問題（介護保険優先原則）の理解・運動をすすめるために

きょうされん大阪支部　事務局長　雨田信幸

はじめに

「人間として生きる権利を認められてほんとうに嬉しかった」。２０１9年6月21日、障害者65歳問題をテーマにした大阪社保協主催学習会に駆け付けてくれた浅田訴訟原告の浅田達雄さんは、２０１8年12月13日広島高裁岡山支部の勝訴判決を聞いた時の気持ちを満面の笑顔で語ってくれました

障害者65歳問題（介護保険優先原則）は２０００年の介護保険制度施行時から存在している問題です。２００6年施行の障害者自立支援法第７条に位置付いたことで様々な問題がさらに出されるようになりました。近年は浅田訴訟・天海訴訟によって関心を持つ人が増えましたが、まだまだ知られていない状況があります。

このブックレットは障害者65歳問題を考える上での基本的な事項を押さえることを目的に、「何が問題なのか・どういったことが今後必要なのか」を考えるきっかけになればと執筆しました。障害当事者・家族・障害関係者だけでなく、一般の方や特に介護保険に携わるみなさんに知っていただきたいポイントをまとめました。図表を活用し、できるだけわかりやすい構成に心がけました。

現在進行形の問題であり且つ自治体による格差も大きい中ですべての実情を踏まえることはできませんが、本書が実際の支援現場や国・自治体に働きかけ安心して使える制度をめざす運動の力になることを願っています（不明な点は、巻末に記載する連絡先にご連絡下さい）。

なお内容は、２０２３年7月12日に開催された大阪社保協介護保険対策委員会主催「介護保険次期改悪の内容と障害者65歳問題を学び行動するための学習会」での筆者の話を元に加筆・修正しています。

1　障害者総合支援法の概要及び運動の経緯

（1）障害者総合支援法の概要

障害のある方が社会生活を送る際に必要な支援は、「障害者の日常生活及び社会生活を総合的に支援するための法律（略称、障害者総合支援法。以下、総合支援法）」に基づく事業によって実施されています。総合支援法は、大きく自立支援給付と地域生活支援事業の二つに分かれています。介護保険優先原則との関係では、特に自立支援給付に位置付けられている「介護給付」「訓練等給付」について理解しておく必要があります（**資料1**）

基本的に18歳以上の障害者が対象ですが、障害児が使えるものもあります。また日中活動の場所と住まいの場を組み合わせることが可能です。利用希望者からの申請や具体的な利用計画（案）に基づき、サービス内容及び量を決定（支給決定）するのは市町村の権限です。実際の利用は、本人と事業者の契約が成立してから始まります（**資料2**）。

資料1

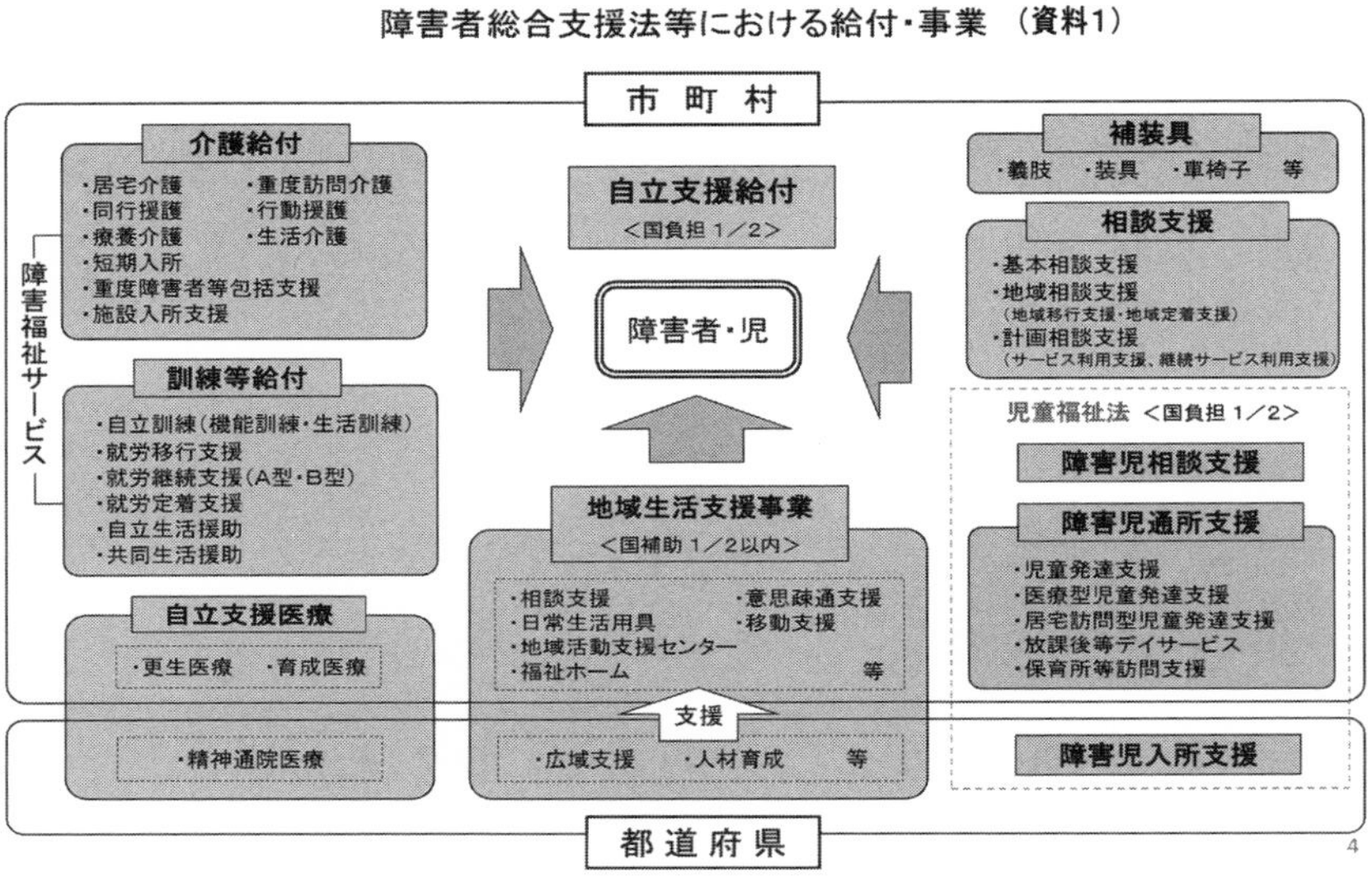

出所：厚生労働省作成資料より

要介護区分認定の仕組みをもとにつくられた「障害支援区分」（標準的な支援の度合いを計る尺度）は、介護保険と違いすべての利用に際しての必須事項になっていません。またサービス等利用計画（介護保険のケアプランに近いもの）を立てるのは、「相談支援専門員」という一定の実務経験と研修を受講・終了した人です。「セルフプラン」といって、相談員に頼らず自ら計画を立てることも可能です。

介護保険法と障害者総合支援法の最大の違いは、「社会保険方式」か「税方式」にあります。また、利用者負担金額に違いがあります。

（2）障害者自立支援法の廃止をめざす運動

総合支援法の前身が、障害者自立支援法（2006年4月施行）です。2000年に介護保険制度がスタートし福祉制度に初めて「利

資料2

利用に関わる大まかな流れ（サービス等利用計画の場合）

※筆者作成

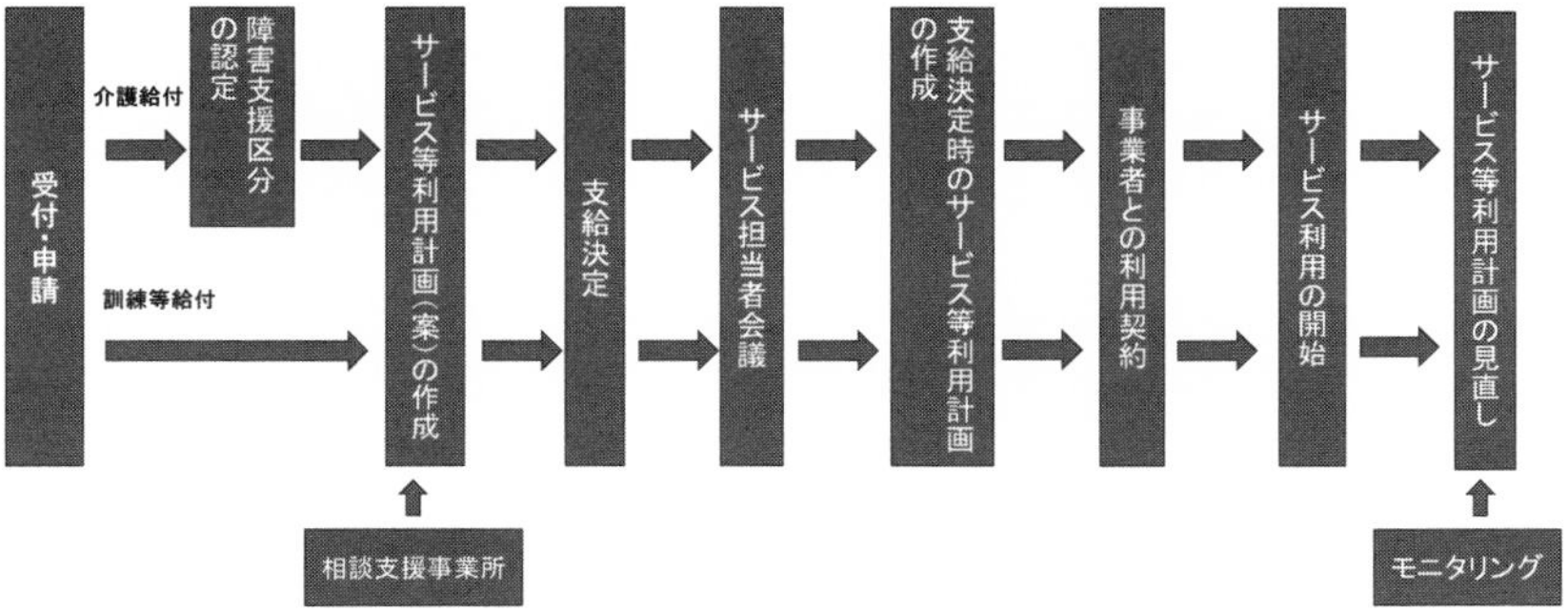

用契約」が導入され、その3年後の２００３年度からの支援費制度によって障害福祉でも同様の方式が採用されました。障害当事者の積極的な利用が行われたこともあり、２００３年〜２００４年と連続して国は財源不足となりました。

制度維持ができなくなると考えた厚生労働省は、２００４年10月に「改革のグランドデザイン」として介護保険制度と障害福祉制度の統合の検討を始めましたが、多くの障害者団体から懸念が出されて断念。２００５年２月に「障害者自立支援法」を閣議決定し国会に上程しました。

法律案には、利用料についてこれまでの「応能負担」から「応益負担」への変更が盛り込まれました。「生きるために必要な支援を利益というのか」「働く場でなぜ利用料が要るのか」と大きな反対の声が上がりました。国会解散（郵政解散）によって一旦廃案となりましたが、８月自民党が総選挙で大勝したことを受け原案とほぼ同じ内容で再上程され、10月31日に与党の賛成多数で可決・成立しました。

２００６年４月１日から施行されましたが、これまでに無かった負担は障害当事者・家族に重くのしかかり、通所控えや無理心中などの事件が起きました。また日割り報酬によって事業所の運営は厳しくなりました。しかし廃止を求める運動は様々に続き、2008年10月には「自立支援法違憲訴訟」が提訴され、第二次提訴（2009年4月）を含めて全国14地裁で71人が原告として立ち上がりました。

運動が継続して行われる中、2009年8月総選挙では民主党を中心とした政権交代が起こりました。厚生労働大臣となった長妻昭氏は就任直後に裁判の和解を呼びかけ、時間をかけた議論の結果、2010年4月に全ての地域で和解となりました。

訴訟団と国の間で交わされた基本合意文書（2010年1月7日）には、「遅くとも平成25年（2013年）8月までに障害者自立支援法を廃止し新たな総合的な福祉法制を実施する。障害福祉施策の充実は憲法等に基づく障害者の基本的人権の行使を支援するものであることを基本とする」「介護保険優先原則（障害者自立支援法第7条）を廃止し障害の特性を配慮した選択制等の導入をはかること」などの内容が盛り込まれました（**資料3**）。

（3）改革の集中期間～優先原則は廃止されたのか～

運動のスローガンに掲げられたのは、「私たちのことを私たち抜きで決めないで（Nothing About us without us）」でした。2006年の国連で採択された「障害者権利条約」をつくる過程で語られたものですが、多くの障害者をつなぐ言葉となりました。また新たな法制度をつくる検討過程にも位置付きました。

資料3

三、新法制定に当たっての論点（資料3）

・①支援費制度の時点及び現在の障害者自立支援法の軽減措置が講じられた時点の負担額を上回らないこと。

・②少なくとも市町村民税非課税世帯には利用者負担をさせないこと。

・③収入認定は、配偶者を含む家族の収入を除外し、障害児者本人だけで認定すること。

・④介護保険優先原則（障害者自立支援法第7条）を廃止し、障害の特性を配慮した選択制等の導入をはかること。

・⑤実費負担については、厚生労働省実施の「障害者自立支援法の施行前後における利用者の負担等に係る実態調査結果について」（平成21年11月26日公表）の結果を踏まえ、早急に見直すこと。

・⑥どんなに重い障害を持っていても障害者が安心して暮らせる支給量を保障し、個々の支援の必要性に即した決定がなされるように、支給決定の過程に障害者が参画する協議の場を設置するなど、その意向が十分に反映される制度とすること。そのために国庫負担基準制度、障害程度区分制度の廃止を含めた抜本的な検討を行うこと。

・（基本合意文書より抜粋、筆者）

基本合意文書より抜粋、筆者

２０１０年１月から障害者制度改革推進会議での議論がスタート、委員の過半数が障害当事者でした。障害の状況に合わせた情報保障・委員の理解を丁寧に確認するなど配慮が行われ、会議は全て公開されました。

自立支援法に代わる新しい法律は、設置された総合福祉部会の中で議論が積み重ねられ、２０１１年８月30日に方向性を示す「骨格提言」がまとめられました。「介護保険優先原則」の廃止が盛り込まれましたが、その後の政治的な状況（衆議院・参議院のねじれ状態）を受け２０１２年６月に成立した障害者総合支援法では廃止されずにそのままの形で残りました（**資料4**）。

利用料負担は自立支援法導入当初と大きく変わり、約9割の方が無料となりました。但し、障害者で結婚している世帯や「中途障害」など配偶者や本人が課税世帯となった場合は負担が発生しています。

また基本合意文書で当面の重要な検討課題とされた自立支援医療負担の低所得の無償化は、見直されないままで大きな課題となっています。

資料4

運動の経緯（20年余りを振り返る）　（資料4）

- 2000年4月…介護保険制度
- 2003年4月…支援費制度スタート
- 2004年10月…改革のグランドデザイン（介護保険との統合案）
- 2005年2月…「障害者自立支援法」国会に上程／同年10月31日　国会で成立
- 2006年4月…法律施行
- 2006年12月…国連障害者権利条約、採択
- 2008年10月…自立支援法違憲訴訟提訴
- 2009年9月…政権交代／自立支援法廃止し新たな法制度を創設する提案
- 2009年12月…障害者制度改革推進本部
- 2010年1月…障害者制度改革推進会議
- 2010年4月21日…勝利的和解、首相官邸訪問
- 2010年／4月27日：障害者総合福祉部会発足／6月7日、障害者制度改革推進第一次意見／差別禁止部会の発足／障害者制度改革推進第二次意見
- 2011年／7月27日：障害者基本法改正／8月30日：総合福祉法の骨格に関する提言
- 2012年6月20日：障害者総合支援法の成立／9月14日：「障害を理由とする差別の禁止に関する法制」について
- 2013年／4月1日：障害者総合支援法施行／6月26日：差別解消法成立
- 2014年／1月20日：障害者権利条約批准
- 2022年／9月：国連障害者権利委員会「総括所見」

※筆者作成

2　障害者65歳問題（介護保険優先原則）とは何か

紆余曲折しながら進んできた障害者施策ですが、施策検討の背景には必ず運動がありました。また解消されていない課題についても継続した運動が行われています。そういった状況を踏まえながら、本題の「障害者65歳問題（介護保険優先原則）」について触れていきたいと思います。

（1）65歳になると何が変わるのか

日本の社会保障制度では、65歳から74歳までが「前期高齢者」と位置付けられています。介護保険法では、65歳になると居住地の自治体から介護保険証が送付されてきます。保険証はそのままでは使えず、要介護認定を申請し非該当以外に認定されることによってはじめて利用

することが可能となります。また、年金受給を開始することができるようになります。

では障害者が65歳になった場合はどうなるのか、介護保険への関わりを中心に以下にまとめてみました。

①介護保険第1号被保険者になります。
⇓一般高齢者と同様に介護保険利用申請（要介護区分認定を受けられる）ができるようになります（申請するかどうかは本人の意思が基本）。総合支援法7条（介護保険優先原則）の規定で基本的に介護保険が優先されますが、本人が障害福祉サービスを継続したい、介護保険サービスに移行したくない等の意思を市町村に示した場合、実情に応じてこの継続が認められるケースもあります。但し自治体から介護保険への移行を強く求められる場合もあり、サービス内容や時間数などに格差が生じています。

②新規の障害福祉サービス利用が難しくなる場合があります。
⇓訓練等給付（**資料1参照**）に位置付けられているサービスの利用が難しくなります。但し支給決定は市町村権限で、本人の希望や状況を踏まえて柔軟に対応されている場合もあります。

③新高額障害福祉サービス等給付費の対象となります。
⇓2018年から始まった制度で、障害福祉制度を利用していた方が介護保険へ移行した場合に発生する、ホームヘルプ・デイサービス・ショートステイに係る「利用者負担」を償還払いする制度です。但しいくつかの要件が設定されており、すべての方が対象となってはいません。また、周知が十分でなく利用できていない方が多く存在することが国の調査で明らかになっています。

④共生型サービスを利用（移行）することが可能となります。

⇒２０１８年から始まった制度で、介護保険に移行した障害者であって、利用している事業所が「共生型」の指定を受けている場合、そのままその事業所を利用することが可能になります。事業所にとっては、報酬の低さやそもそもの人員不足の問題を抱えています。

以上のことから、65歳になった障害当事者が「介護保険制度」に移行した場合には、「これまでと同じ支援を受けられるだろうか、負担が増えてしまうのではないか」といった不安が生じることになります。

障害者65歳問題（介護保険優先原則）を障害者の立場から一文でまとめると、「障害福祉サービスを受けている人が65歳になったことを理由に介護保険サービスの利用を強く求められ、移行することによって今までにない負担が発生しサービス内容が変わることで生活に影響が出てしまう問題」となります（40歳～64歳特定疾病の場合も介護保険優先原則が適用）。この背景にあるのが、総合支援法第７条です（**資料５**）。

（２）総合支援法第７条について

法律の条文を読みこなすことはなかなか難しいことですが、ポイントは「自立支援給付に相当するものを受けることができるとき」です。介護保険は優先されるが、「自立支援給付」以外のものは対象とならないということであり、適用関係通知（初出：平成19年3月28日〈最終改正H27・3・31〉）

資料5

障害者総合支援法第7条（他の法令による給付との調整）　資料5

第七条　自立支援給付は、当該障害の状態につき、介護保険法（平成九年法律第百二十三号）の規定による介護給付、健康保険法（大正十一年法律第七十号）の規定による療養の給付その他の法令に基づく給付であって政令で定めるもののうち自立支援給付に相当するものを受けることができるときは政令で定める限度において、当該政令で定める給付以外の給付であって国又は地方公共団体の負担において自立支援給付に相当するものが行われたときはその限度において、行わない。

障害者総合支援法第7条

で詳細が示されています。大事なポイントは次の内容です。

①障害者が同様のサービスを希望する場合、心身の状況やサービス利用を必要とする理由は多様であり、一律に当該介護保険サービスを優先的に利用するものとはしないこと。

②介護保険サービスには相当するものがない障害福祉サービス固有のものと認められるものは、障害福祉サービスを支給する。

③サービス内容や機能から、介護保険サービスには相当するものがない障害福祉サービス固有のものと認められるもの（同行援護、行動援護、自立訓練〈生活訓練〉、就労移行支援、就労継続支援等）については、当該障害福祉サービスに係る介護給付費等を支給する。※具体的なサービス名があげられていますが、あくまで例示列挙です。

また通知に関わる事務連絡が出されています。最新は令和5年6月30日付け「障害者の日常生活及び社会生活を総合的に支援するための法律に基づく自立支援給付と介護保険制度の適用関係等に係る留意事項及び運用の具体例等について」で、内容は後述します。

上記の説明をまとめたものが、**資料6**となります（厚生労働省作成）。繰り返しますが、総合支援法第7条によって介護保険優先原則が定められていますが、障害者の状況や希望・地域状況を鑑みて一律に優先にはしないということになっています。

3　浅田訴訟と天海訴訟

障害者65歳問題を考える上で、どうしても触れておかないといけないのが、浅田訴訟（岡山市）と天海訴訟（千葉市）です。居住地・使っていたサービスの違いはありますが、いずれも65歳になった時点で介護保険の申請をしなかったことを理由に使っていた障害福祉サービスが打ち切られ、裁判で争われました。

内容的に判断の分かれた二つの裁判ですが、国の介護保険優先原則の運用に関する考え方に影響を与えています。

（1）浅田訴訟

資料6

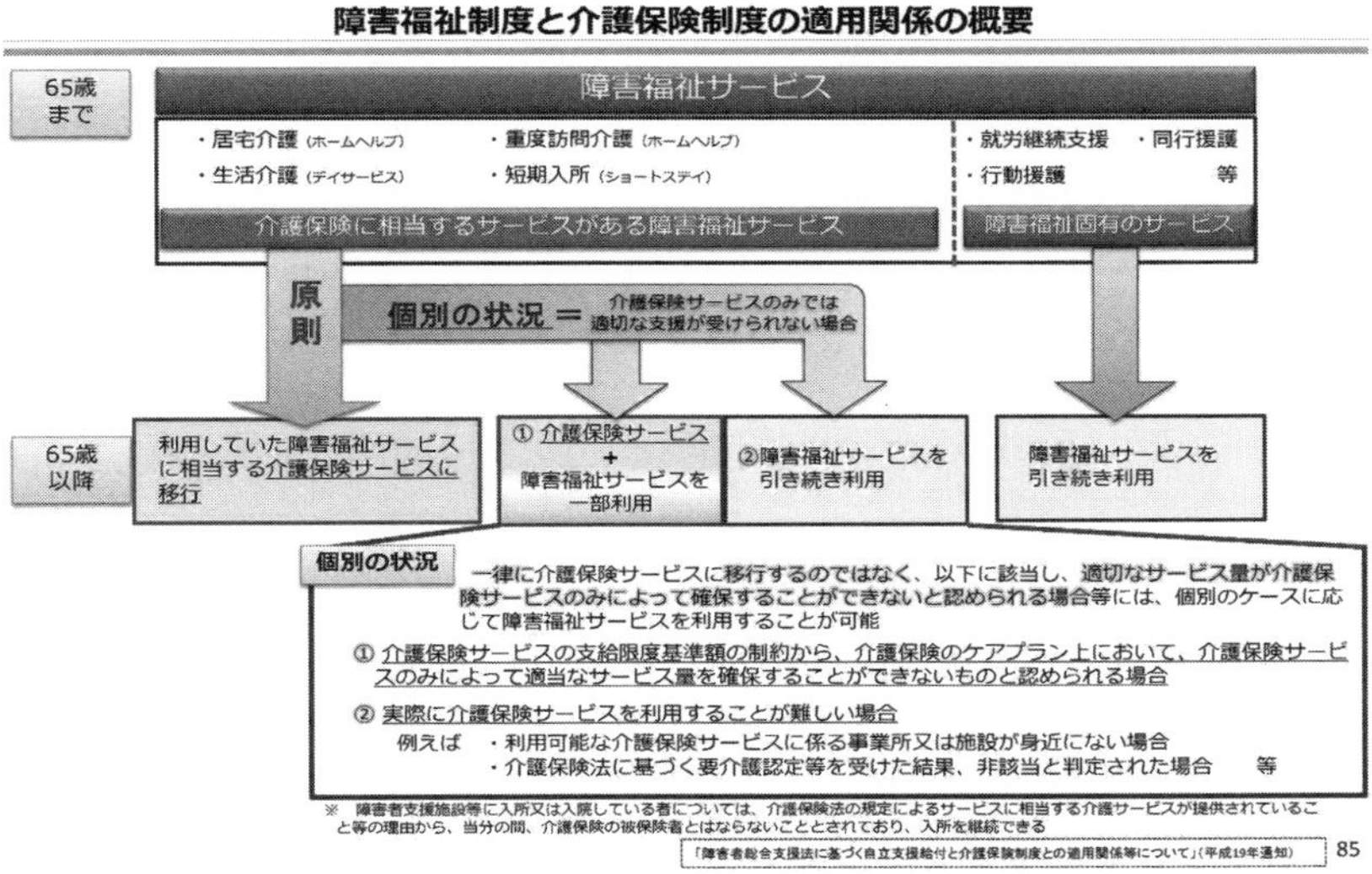

出所：厚生労働省作成資料より

原告の浅田達雄さんは重度の身体障害と言語障害のある方で、重度訪問介護サービスを利用して暮らしていました。

2012年11月、翌年2月に65歳を迎えるという時点で介護保険申請と制度移行を岡山市から打診されました。障害年金等わずかな収入で暮らしていた浅田さんは、移行後のおおよその自己負担額を聞き、「これでは生活ができなくなる」と介護保険を申請しませんでした。すると岡山市は「介護給付費等不支給（却下）決定通知」を出し、誕生日前日よりこれまでのサービス（月249時間重度訪問介護）の全てを打ち切りました。当初は、ボランティアの力を借り生活を維持されていましたが限界となり、不本意ながら介護保険申請を行いました。浅田さんは、人権を無視した制度移行の強制に強い憤りを持ち、2013年9月19日に決定の取消しと損害をもとめ提訴しました。

裁判が始まったことによって、全国各地から「サービスを打ち切られた」という声が上がりマスコミ等で多数取り上げられました。こうした事態を受け、厚労省は自治体の運用に関する調査（H26・8月）や介護保険移行に伴う利用者負担に関する調査（H27・7月）を行う等、実態の把握を行うようになりました。

岡山地裁は、2018年3月14日に原告勝訴の判決を言い渡しました。決定を不服とした岡山市は、広島高裁岡山支部に控訴、同年9月11日に1回の審理で結審し12月13日に勝訴となりました（岡山市が上告しなかったため判決が確定）。

広島高裁岡山支部は判決の中で、「①自立支援給付と介護給付は理念・目的から違うサービス、②総合支援法第7条は羈束処分《きそくしょぶん》（法律執行にあたり行政庁の自由裁量の認められない処分）ではなく裁量処分（法律執行にあたり行政庁の自由裁量の認められる処分）。障害福祉サービスを利用していた障害者が介護保険サービスの利用を申請した場合に生じうる二重給付を避けるための調整規定であり、介護保険制度に申請していない場合は採用されない」としました。

(2) 天海訴訟

原告の天海正克さんは、日曜日を除く毎日2～3時間、居宅介護を利用して生活していました。しかし2015年7月に65歳になった時に介護保険の申請を断り、浅田さんと同様にサービスを打ち切られました。打ち切られた8月の1カ月で約14万円の利用料を払わなくてはならなくなり、浅田さんの裁判を知っていた天海さんは、千葉市を相手に提訴（２０１５年11月27日）しました。

千葉地裁は、２０２１年５月18日に原告敗訴の判決を言い渡しました。浅田訴訟判決と真逆と言える理由（総合支援法７条は羈束処分・総合支援法と介護保険法の違いについて考慮せず・自立支援給付の全面打ち切りは申請に協力しない天海さんにある等）に対し、天海さんは東京高裁に控訴。逆転勝訴を目指して弁護団・関係者が支援活動を強めました。

２０２３年３月24日東京高裁は、千葉地裁の判断根拠を採用しながらも、①非課税世帯より収入が多い課税世帯の障害者の利用料が無料であるのに非課税世帯の障害者に利用料が課されるのは制度間の不均衡、②千葉市には、制度間の不均衡を是正する限りにおいて障害福祉サービスを継続する裁量権があったのに打ち切った等を理由に上げ、天海さんの逆転勝訴となりました。

千葉市の上告によって裁判が継続していますが、最高裁がどう判断するかに注目が集まっています。

4　自治体間格差について

障害福祉制度は、枠組みを国がつくり、各市町村単体では対応が難しい課題を都道府県が担い、具体的な支給に関わる事務は市町村がおこなっています。自立支援給付に関わる財政負担は国庫負担基準が設定されており、国２分の１、都道府県４分の１、市町村４分の１となっています（**資料１**）。

浅田訴訟・天海訴訟で明らかになったように市町村が適切な対応を取ることは可能ですが、そうなっていない実態が全国各地で存在しています。次に大阪社保協における取組みを紹介しながら、「自治体格差」について考えてみたいと思います。

(1) 大阪社保協自治体キャラバンの取組み

大阪社保協は、府内43自治体(大阪市は24行政区ごと)に向けたキャラバン行動(要望書への回答をもとにした話し合い)に取り組んでいますが、自治体に向けて事前アンケートに取り組み結果をまとめた資料集を作成しています(ホームページで公開、https://www.osaka-syahokyo.com/22caravan/index_22caravan.html)。

2023年度は65歳問題について20項目にわたる質問を出していますが、集約の結果いくつかの点で自治体による取り扱いの違いが明らかになっています。主なものとして、

①介護保険利用だけでは足りない障害福祉サービスの上乗せ基準に自治体独自の基準を設けている。

②新高額障がい福祉サービス等給付費についての対象者の特定が済んでいる、済んでいない自治体がある。また償還方法が毎月かその他(1年)なのか。

③介護保険優先原則に関わる説明が適切に行われているか。

が上げられます。

２０２３年度キャラバンが始まる直前に、「自立支援給付と介護保険制度の適用関係等に係る留意事項及び運用の具体例（令和5年6月30日）」（事務連絡）が厚労省より発出されました。国による自治体に対する技術的助言という性格ものですが、自治体と懇談する際に実態や当事者の願いを踏まえて活用できる点が含まれていました。その内容をアンケートで明らかとなった問題点含めて紹介します。

①介護保険を利用した際に不足分を障害福祉で利用（上乗せ）できることになっていますが、自治体独自の基準に対して「画一的な基準のみに基づき判断することは適切ではなく、障害福祉サービスを利用する障害者について、介護保険サービスへの移行を検討する際には、個々の障害者の障害特性を考慮し、必要な支援が受けられるかどうかという観点についても検討した上で支給決定を行うこと」との内容が記載されました。アンケート結果を見ると画一的な基準を設けている自治体が、12自治体ありました。昨年度までの懇談で根拠を尋ねても根拠をもっている自治体はなく、今回国が示した内容を踏まえての対応を求めることが重要です。

②新高額障がい福祉サービス等給付費については、「対象者等に対し、制度概要の丁寧な説明を行うとともに、対象となりうる者へ個別に勧奨通知等を送付することが望ましい」と記載されています。自治体の中には対象者の特定が出来ていない、あるいは申請数が少ないところも多く、事務連絡に基づく対応を求めていくことになります。償還を受ける場合も多くが1年間をまとめてとなっています。医療費助成制度などと同様に、毎月償還を行っている自治体がわずかですが増える中、利用する障害者の実態を踏まえた検討が求められます。また、そもそもの

制度設計の変更を国にもとめるなどの対応が必要です。

③障害者の多くは、介護保険利用を求められた時に、「負担が増えるのではないか」「これまでと同じようにヘルパーさんからの支援が受けられるか。通所先を変えないといけないのか」といった不安があります。個別に状況に合わせた柔軟な対応・説明が必要ですが、基礎的な情報（介護保険は優先が基本だが事情によっては障害福祉サービスの継続も可能であること）が自治体が発行する「福祉のてびき」等にきちんと記載されてないところが多い状況にあります。その点の改善を求めていきます。

自治体に向けた要望の最後には、介護保険も含めて利用料負担の無料化が入っています。「1－(3)」の中でも述べましたが、利用者負担によってサービスを制限せざるを得ない、そもそも利用をあきらめるという実態があります。介護保険制度においても1割から2割、3割と増えていく中で、共通の課題として取り組んでいきたいとの思いがここには含まれています。地域から声をあげ、国の制度変更を求めていくことが重要です。

2023年度大阪社保協自治体キャラバン要望内容

①障害者総合支援法7条は二重給付の調整規定であり、介護保険法27条8項の規定（要介護認定の効力は申請日までしか遡れないこと）との関係から、「できるとき」規定の効力は要介護認定の申請日以降にしか発生しないという法的論拠に基づき運用を行うこと。

②日本の社会保障制度の原則は申請主義であることから、障害者に介護保険への申請勧奨をすることはあっても強制してはならないこと、厚生労働省の通知等でも未申請を理由とした障害福祉サービスの更新却下（打ち切り）は認めていないことを関係職員に徹底し、申請の強制や更新却下を防止すること。

③2007年通知「障害者総合支援法に基づく自立支援給付と介護保険制度の適用関係等について」、2015年事務連絡「障害者総合支援法に基づく自立支援給付と介護保険制度の適用関係等に係る留意事項等について」、「介護給付費等に係る支給決定事務等について（事務処理要領：令和5年4月）」に明記されている内容にもとづき運用を行うこと。

④介護保険に移行した一部の障害者にしか障害福祉サービスの上乗せを認めない独自ルールを設けている場合はこれを撤廃し、2007年初出の「適用関係通知」等で厚生労働省が示す基準にもとづく運用を行うこと。

⑤介護保険優先は二重給付の調整であり、「介護保険優先」はあくまで原則を示しているに過ぎず、個々の状況に応じて障害福祉サービスの継続も可能な例外があることという事実を、自治体のホームページや障害者のしおりなどに正確に記述すること。

⑥介護保険対象となった障害者が、介護保険への移行をせず引き続き障害福祉サービスを利用する場合においては、現行通りの基準を適用するよう国に求めること。

⑦介護保険対象となった障害者が、介護保険サービスを利用しかつ上乗せで障害福祉サービスを利用する場合の新たな国庫負担基準を創設するよう国に求めること。

⑧障害福祉サービスを継続して受けてきた方が、要介護認定で要支援1、2となった場合、総合事業における実施にあっては障害者に理解のある有資格者が派遣されるようにすること。
⑨障害者の福祉サービスと介護サービス利用は原則無料とし、少なくとも市町村民税非課税世帯の利用負担はなくすこと。

(2) 相談を受けた事例

ここでは、筆者が直接相談を受けた事例を二つ紹介します。これ以外でもっとも多いのは、65歳になると「介護保険を使わないといけないと強制される」という相談です。自治体担当者には、個々の障害者の状況や希望を踏まえた対応を求めます。

事例1
・身体と精神の障害があり障害者総合支援法から居宅介護サービスを受けてきた方が65歳になり市の職員から介護保険の申請をすすめられた。
・それに応じて介護保険を申請したら、要支援2の判定が出た。すると介護保険課から、「要支援2では訪問介護が使えない」と言われた。
・それなら居宅介護を出してもらおうと思って障害福祉課に行ったら、「介護保険が先になるので使えない」と言われ申請させてもらえなった。

・就労継続B型はそのまま使えているが、ヘルパー支援がゼロになってしまった。

ポイント

①まず介護保険を申請する段階で、きちんとした説明があったのか疑問です。

②要支援2では訪問介護は使えませんが、市町村が実施する総合事業の「介護予防訪問介護相当サービス」は受けられます。担当者の制度理解不足とアドバイスの問題ではないでしょうか。

③介護保険を申請した場合は確かに介護保険が優先されますが、保険給付でこれまでの支援量を担保できない場合であって、市町村が厚生労働省通知に基づく運用をしているなら、障害福祉サービスの上乗せ等ができます。担当者の制度理解不足ときちんとした運用がなされていない表れです。

事例2

・65歳知的障害女性。訪問介護（介護）と移動支援（障害）の支給決定を受けている。

・ある日、移動支援を利用してカラオケ店にヘルパーと行き、帰りに近くにあったドラックストアにて洗剤を購入、帰宅した。

・翌月、事業所が移動支援に関する請求を出したら、「日用品購入は訪問介護が優先となる」と指摘された。移動支援でウインドウショッピングはいいが欲しい物は取り置きしてもらい、後日訪問介護のヘルパーさんに購入してもらうように指導があった。

ポイント

①地域生活支援事業の移動支援（障害）は日常生活に必要な移動支援と社会参加のための移動支援を一体的に提供するサービスです。介護保険への移行後も、この女性には、地域生活支援事業の移動支援（障害）は継続支給されていますが、介護保険の訪問介護には日常生活に必要な移動支援が含まれているため、障害の移動支援は社会参加する場合にしか利用できなくなります。こうしたことが、この問題の原因です。

②優先関係を自治体が定めたとしても、それぞれにある機能を柔軟に運用しあたりまえの生活につなげるという制度本来の主旨に反する指導です。

おわりに

「家族介護からの脱却・介護の社会化」を目指して始まった介護保険制度ですが、高齢となった人たち（家族も含む）の実態に対応できるものとなっていません。さらなる介護保険の改悪が進んでいるのは、日下部さんが第1章で述べられている通りです。

また障害者総合支援法も高齢期を迎えた障害者の実態を踏まえて制度設計になっていません。国も課題にあげていますが、根本的な解決にはつながる施策が打ち出されていません。

資料7

障害者総合支援法	介護保険法
1.（目的）第一条　この法律は、障害者基本法…略…その他障害者及び障害児の福祉に関する法律と相まって、障害者及び障害児が基本的人権を享有する個人としての尊厳にふさわしい日常生活又は社会生活を営むことができるよう、必要な障害福祉サービスに係る給付、地域生活支援事業その他の支援を総合的に行い、もって障害者及び障害児の福祉の増進を図るとともに、障害の有無にかかわらず国民が相互に人格と個性を尊重し安心して暮らすことのできる地域社会の実現に寄与することを目的とする。	1.（目的）第一条　この法律は、加齢に伴って生ずる心身の変化に起因する疾病等により要介護状態となり、入浴、排せつ、食事等の介護、機能訓練並びに看護及び療養上の管理その他の医療を要する者等について、これらの者が尊厳を保持し、その有する能力に応じ自立した日常生活を営むことができるよう、必要な保健医療サービス及び福祉サービスに係る給付を行うため、国民の共同連帯の理念に基づき介護保険制度を設け、その行う保険給付等に関して必要な事項を定め、もって国民の保健医療の向上及び福祉の増進を図ることを目的とする。

障害者総合支援法第1条、介護保険法第1条

介護保険法と障害者総合支援法の目的を比較すると両制度は違うものだとすぐにわかりますし、尺度として利用されている「要介護区分」「障害者支援区分」も国自身が認めるように違うものです（**資料7、8**）。二つの制度でそれぞれ重要な位置付けをもつケアマネジャーや相談支援専門員については、連携は強調されても基本的な情報や仕組みが十分に共有されず、移行後は特に介護分野に負担がかかる実態が存在しています。

不十分から不十分、違うものから違うものへと移行させても矛盾が広がるばかりで、利用者の基本的人権を保障することはできません。

私たちが介護保険優先原則を問題にする背景には、これまでも述べてきたように、選択することもできず半ば無理やりに移行させられ受けてきた支援が変えられる理不尽さにあります。利用者負担増が進み、制限の多い介護保険制度の改悪に歯止めをかけ抜本的な見直しを求めることにあります。根本問題である「利用

資料8

資料8 「障害支援区分」と「要介護度」の主な考え方の違い

	障害支援区分	要介護度
区分	非該当、区分1～6	非該当、要支援1～2、要介護1～5
区分が示すもの	必要とされる標準的な支援の総合的な度合	介護の手間（介護の時間）の総量
認定調査の考え方	「できたりできなかったりする場合」は、「できない状況」に基づき評価	「できたりできなかったりする場合」は、「より頻回な状況」に基づき評価
	普段過ごしている環境ではなく「自宅・単身」を想定して評価	生活環境や本人の置かれている状態等も含めて評価
審査会の考え方	対象者に必要とされる支援の度合いが一次判定結果に相当するか検討	通常に比べ介護の手間がより「かかる」「かからない」か検討

（厚生労働省作成）

出所：厚生労働省作成資料より

契約制度・利用者負担問題」に目を向けること・社会保障制度全体の改悪が進む中で、社会福祉制度の本来のあり様を踏まえながら共同することが大事ではないかと考えています。

住民の暮らしを守る最前線の自治体には、制度主旨に基づいた運用をしっかり行っていただくことが重要だと感じています（**資料9**）。

※質問やご相談は以下のところにお願いします。
きょうされん大阪支部
〒558－0011 大阪市住吉区苅田5－1－22
TEL 06－6697－9144
Fax 06－6697－9079
Mail: osaka@kyosaren.or.jp

資料9（2019年6月　大阪社保協作成）

<政府関係文書・判例に見る介護保険と障害福祉施策の関係>※中略は…で表記

○（障害者）の心身の状況やサービス利用を必要とする理由は多様で…あることから…、一律に当該介護保険サービスを優先的に利用するものとはしないこととする。（通知「自立支援給付と介護保険制度との適用関係等について」）

○原告・弁護団からは、利用者負担の在り方等に関して以下の指摘がされた。…介護保険優先（障害者自立支援法第７条）を廃止し、障害の特性に配慮した選択制等の導入を図ること。（障害者総合支援法違憲訴訟原告団・弁護団と国（厚生労働省）との基本合意文書）

○障害者総合福祉法は、障害者等が等しく基本的人権を享有する個人として、障害の種別と程度に関わりなく日常生活及び社会生活において障害者のニーズに基づく必要な支援を保障するものであり、介護保険法とはおのずと法の目的や性格を異にするものである。この違いを踏まえ、それぞれが別個の法体系として制度設計されるべきである。介護保険対象年齢となった後でも、従来から受けていた支援を原則として継続して受けることができるものとする。（障害者総合福祉法の骨格に関する総合福祉部会の骨格提言）

○自立支援法７条は、自立支援給付と介護保険給付等の二重給付を回避するための規定であって…裁量処分とすることが相当…。介護保険給付を利用可能な障害者が、その申請をしない場合に…自立支援給付の不支給決定をすることについても…市町村の合理的裁量にゆだねられている。（岡山・浅田訴訟高裁確定判決　2018年12月13日）

上の諸文書はすべて、今日においても効力を及ぼすものです。介護保険と障害福祉施策の関係は、これらの視点をふまえて市町村において対応されるべきであり、一律に介護保険が優先されることがあってはなりません。

65歳となり介護保険の申請をすませた方の課題

すでに介護保険の申請を行った人に対しては、介護保険だけでは不足してしまうサービス量・内容を、市町村が障害者施策から上乗せするなどして補うことになっています。しかし介護度や障害支援区分などを理由として、上乗せを拒否したり、量や内容に制約をかける市町村も少なくありません。こうした姿勢を改めさせていくことが大切な課題となっています。

下の文章を参考に要望書を作成して市町村に改善を求めていきましょう。

○介護保険だけでは不足してしまうサービス量・内容を、市町村が障害者施策から上乗せするなどして補うこと。その際、介護度や障害支援区分によって上乗せの可否を判断したり上乗せ量・内容を制約せず、一人ひとりのくらしに必要な支援量・内容の確保を図ること。

障害者施策に関するご相談は、下記連絡先でもお受けしています
○障害者（児）を守る全大阪連絡協議会（障連協）　○きょうされん大阪支部
ＴＥＬ　０６－６６９７－９００５　ＦＡＸ　０６－６６９７－９０５９
〒558-0011　大阪市住吉区苅田５－１－２２
E-mail　GSP22334@nifty.com（障連協）　osaka@kyosaren.or.jp（きょうされん）

出所：厚生労働省作成資料より

障害福祉サービスを使ってきたみなさん

65歳を超えたあとも介護保険を申請しないという選択肢もあります

介護保険を申請すると…

○障害福祉サービスに相当する支援は介護保険が優先します
○介護保険サービス利用には１割の利用者負担が発生します
○使い慣れた障害福祉サービスが中断してしまう心配が生じます
○維持期の疾患別医療リハビリは介護保険サービスに切りかわります

介護保険は申請することで制度サービスの利用がスタートします。この仕組みを「申請主義」※といいます。申請しなければ何もはじまりません。現在の障害福祉サービスの継続を希望する場合は「申請しない」という選択肢もあることを知ってください。

※ここでいう申請とは、要介護認定の申請のことです。介護保険は一定の年齢要件に該当すると自動的に被保険者としての資格を持ちますが、介護保険のサービスを利用するためには、市町村に対して要介護認定の申請を行わなければなりません。

大阪社会保障推進協議会
〒530-0034　大阪市北区錦町2-2　国労会館
TEL 06-6354-8662　FAX 06-6357-0846
http://www.osaka-syahokyo.com　E-mail　osakasha@poppy.ocn.ne.jp

介護保険は申請しないと利用が始まりません

障害福祉サービスを受けている人が、６５歳になったことを理由に介護保険によるサービス利用を求められ生活に困難をきたしてしまう、いわゆる「６５歳問題」がいま各地に広がっています。一人ひとりの障害者にとっても、「これまでのサービスが継続できなくなるのではないか」「介護保険の利用料負担が支払えないのではないか」などの不安も広がっています。

本来介護保険は、国民一人ひとりが保険料を負担して支えている制度ですから、他のどの福祉制度よりも内容が充実していて当然のはずです。ところが実際は、現在の障害福祉制度にも及ばない貧しい支援内容となっているため、障害者の中に現在のくらしが維持できないのではないかとの不安が広がっているのです。

そんな不安を抱えている障害者に、無理やり介護保険利用が押し付けられることがあってはなりません。介護保険を申請しないという選択肢も含め、どうすれば本人が望む暮らしを送ることができるのかを、障害者福祉関係者、介護保険関係者と行政が連携を取り、本人の意向を最大限に尊重して対応していくことが求められています。

◆介護保険を申請すると次のサービスについて介護保険が優先されます

優先サービス→介護保険のホームヘルプ、デイサービス、ショートステイに相当するサービス

※同行援護・就労継続支援などの障害固有の支援サービスは引き続き継続して利用できます

※重度訪問介護については居宅介護に該当する部分のみ介護保険に移行することもあります

※介護保険だけでは支給量が足りない場合などは障害福祉制度で上乗せできる場合もあります
その際介護保険サービスは支給決定量いっぱいまで利用するよう求められることがあります

◆非課税世帯も介護保険利用には１割の自己負担が発生します

例えば３０分～１時間未満の身体介護１回３９４円など。この金額に市町村の立地や支援時間帯、支援内容ごとに加算金などが上乗せされます。

◆介護保険の申請後は６５歳前のサービス利用の状態に戻すことはできなくなります

いちど介護保険を申請すると、サービス提供の要件を満たす限り将来にわたって介護保険からサービスが提供されます。そのサービス提供を断って障害福祉施策からサービスを受けることはできません。

◆介護保険サービスが必要となったときに介護保険を申請することができます

６５歳以降であればいつでも、福祉用具貸与などの介護保険によるサービス提供が必要になったときに介護保険を申請することができます。障害状況や環境の変化に応じて自分にとって必要なサービスを柔軟に選択していくことが大切です。

Q　介護保険の申請をしたくありません。そのためにどのようなことをすればよいのでしょうか？

A　６５歳の誕生日前に市町村から介護保険の申請関連書類が送付されてきます。そこに記載されている連絡先に「介護保険を申請しない」との意思を伝えましょう。

Q　申請をしない意思を伝えるために、どのような準備が必要ですか？

A　なぜ申請したくないのかをきちんと説明できる材料をそろえましょう。①現在のサービスが継続できないとくらしが成り立たないこと、②介護保険の利用料負担ができないことなど、自分らしいくらしをこれまで通り続けていくために介護保険には移れないあなたの事情を具体的に説明しましょう。

Q　介護保険に移らないことで不利益を受けることはありませんか？

A　介護保険を申請しない障害者に対して障害福祉サービスを支給しないことを決定した事件（岡山市・浅田訴訟）では岡山市が全面敗訴しました。国も一律に介護保険を優先的に利用するものではないと通達しており、障害者が介護保険を申請しないことで一方的に不利益を押し付けることは、行政の裁量を逸脱した不法な行為です。また行政の不法行為を未然に防ぐためにも、申請を拒否する際には障害福祉の相談支援事業所や介護保険のケアマネージャーなどの関係者も含め、とりわけ行政担当窓口としっかり話しあっていくことが大切です。くらしの事情への理解を広げることが不利益処分を未然に防止する力にもなります。

Q　市町村に介護保険の申請をしないことを告げた場合、その後どんな対応が行われるのでしょうか？

A　市町村から定期的に（通常は３カ月ごとに１回程度）介護保険を申請するよう働きかけがあります。その際、現在のサービスを引き続き利用したい場合には、「まだ介護保険は申請しない」との意思をしっかり伝えましょう。

【著者紹介】
日下部雅喜（くさかべまさき）
1956年岐阜県生まれ。日本福祉大学卒業、2016年堺市役所退職後、ケアマネジャーをしながら、市民として「福祉・介護オンブズマン」活動、「介護保険料に怒る一揆の会」の活動に参画。大阪社会保障推進協議会介護保険対策委員長として介護保険制度改革問題に取り組む。
著書に『2015改正介護保険』（日本機関紙出版センター、2014年）、『どうなる介護保険総合事業』（同、2016年）、『介護保険は詐欺だ！と告発した公務員』（同、2016年）ほか共著多数。

雨田信幸（あまだのぶゆき）
1966年11月大阪市生まれ。1990年3月日本福祉大学卒業、社会福祉法人いずみ野福祉会に就職、その後20年間、障害福祉現場で働く。2010年3月いずみ野福祉会を退職、4月より「きょうされん大阪支部」専従事務局長となり現在に至る。大阪社会保障推進協議会常任幹事・生活保護基準引き下げ違憲訴訟を支える大阪の会（略称：引き下げアカン！大阪の会）事務局長。
共著に『どうつくる？障害者総合支援法～権利保障制度確立への提言～』（かもがわ出版、2010年）、『地域包括ケアを問い直す～高齢者の尊厳は守れるか～』（日本機関紙出版センター、2018年）。

【編者】
大阪社会保障推進協議会介護保険対策委員会
〒530-0034　大阪市北区錦町2-2　TEL06-6354-8662　FAX06-6357-0846
osakasha@poppy.ocn.ne.jp　https://www.osaka-syahokyo.com/

“次期”介護保険改悪と障害者65歳問題

2023年 11月10日　初版第1刷発行

編者　大阪社保協介護保険対策委員会
著者　日下部雅喜、雨田信幸
発行者　坂手崇保
発行所　日本機関紙出版センター
〒553-0006　大阪市福島区吉野3-2-35
TEL 06-6465-1254　FAX 06-6465-1255
http://kikanshi-book.com/　hon@nike.eonet.ne.jp
本文組版　Third
編集　丸尾忠義
印刷・製本　日本機関紙出版センター

ISBN 978-4-88900-287-4

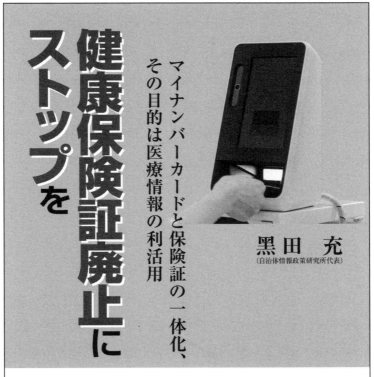

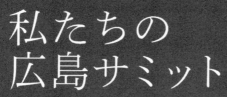